本书系国家社科一般项目"公私法协动视野
制度研究"（项目编号：23BFX1

法|学|研|究|文|丛
——环境法学——

刑罚意义上的
环境修复措施研究

冼 艳◎著

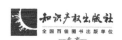

知识产权出版社
全国百佳图书出版单位
—北京—

图书在版编目（CIP）数据

刑罚意义上的环境修复措施研究／冼艳著 . —北京：知识产权出版社，2024. 5
ISBN 978－7－5130－9183－1

Ⅰ. ①刑… Ⅱ. ①冼… Ⅲ. ①破坏环境资源保护罪—研究—中国 Ⅳ. ①D924. 364

中国国家版本馆 CIP 数据核字（2024）第 030110 号

责任编辑：彭小华　　　　　　　　责任校对：王　岩
封面设计：智兴设计室　　　　　　责任印制：孙婷婷

刑罚意义上的环境修复措施研究

冼　艳　著

出版发行：**知识产权出版社** 有限责任公司	网　　址：http：//www. ipph. cn
社　　址：北京市海淀区气象路 50 号院	邮　　编：100081
责编电话：010－82000860 转 8115	责编邮箱：huapxh@ sina. com
发行电话：010－82000860 转 8101/8102	发行传真：010－82000893/82005070/82000270
印　　刷：北京中献拓方科技发展有限公司	经　　销：新华书店、各大网上书店及相关专业书店
开　　本：880mm×1230mm　1/32	印　　张：7. 125
版　　次：2024 年 5 月第 1 版	印　　次：2024 年 5 月第 1 次印刷
字　　数：200 千字	定　　价：68. 00 元

ISBN 978－7－5130－9183－1

法律法规、司法解释简称与全称对照表

简称	全称
《刑法》	《中华人民共和国刑法》（2023 年修正）
《宪法》	《中华人民共和国宪法》（2018 年修正）
《行政处罚法》	《中华人民共和国行政处罚法》（2021 年修订）
《民法典》	《中华人民共和国民法典》（自 2021 年 1 月 1 日起施行）
《刑事诉讼法》	《中华人民共和国刑事诉讼法》（2018 年修正）
《刑事诉讼法》解释	最高人民法院《关于适用〈中华人民共和国刑事诉讼法〉的解释》（自 2021 年 3 月 1 日起施行）
《量刑指导意见》（试行）	最高人民法院、最高人民检察院《关于常见犯罪的量刑指导意见（试行）》（2021 年 7 月 1 日实施）
《环境保护法》	《中华人民共和国环境保护法》（2014 年修订）
《土壤污染防治法》	《中华人民共和国土壤污染防治法》（自 2019 年 1 月 1 日起施行）
《森林法》	《中华人民共和国森林法》（2019 年修订）
《草原法》	《中华人民共和国草原法》（2013 年修正）

续表

简称	全称
《环境民事公益诉讼司法解释》	最高人民法院《关于审理环境民事公益诉讼案件适用法律若干问题的解释》（法释〔2015〕1号）
《环境侵权责任纠纷司法解释》	最高人民法院《关于审理环境侵权责任纠纷案件适用法律若干问题的解释》（法释〔2015〕12号）
《提供司法服务和保障的意见》	最高人民法院《关于充分发挥审判职能作用为推进生态文明建设与绿色发展提供司法服务和保障的意见》（法发〔2016〕12号）
《环境污染刑事案件司法解释（2013）》	最高人民法院、最高人民检察院《关于办理环境污染刑事案件适用法律若干问题的解释》（法释〔2013〕15号）
《环境污染刑事案件司法解释（2016）》	最高人民法院、最高人民检察院《关于办理环境污染刑事案件适用法律若干问题的解释》（法释〔2016〕29号）
《生态环境损害赔偿案件若干规定》	最高人民法院《关于审理生态环境损害赔偿案件的若干规定（试行）》（法释〔2019〕8号）
《试点方案》	《生态环境损害赔偿制度改革试点方案》
《改革方案》	《生态环境损害赔偿制度改革方案》
《环境污染刑事案件座谈会纪要》	《关于办理环境污染刑事案件有关问题座谈会纪要》（2018）
《污染防治意见》	中共中央、国务院《关于全面加强生态环境保护坚决打好污染防治攻坚战的意见》（2018）
《为新时代生态环境保护提供司法服务和保障的意见》	最高人民法院《关于深入学习贯彻习近平生态文明思想为新时代生态环境保护提供司法服务和保障的意见》
《社区矫正工作暂行办法》	《司法行政机关社区矫正工作暂行办法》（司发通〔2004〕88号）

目录

CONTENTS

引　言

一、问题的提出

　　环境修复措施被运用于行政执法、立案侦查、审查起诉、案件审理、判后执行各个阶段，在环境刑事案件审理过程中，环境修复的效果多被作为量刑的参考依据，在执行阶段则被作为减刑的依据，真正在刑事判决的判项中将环境修复作为一项刑事责任的判决较少。本书认为，环境修复措施在行政执法、立案侦查、审查起诉、案件审理、判后执行各个阶段的运用的法律性质不尽相同，并不是所有的环境修复措施都能称作刑罚意义上的环境修复措施，只有在刑事判决判项中作为一项刑事责任的环境修复措施才能被称作真正刑罚意义上的环境修复措施，为此，本书查找了在刑事判决中将环境修复措施作为一项刑事责任的相关案例。

　　案例一：海某非法占用农用地罪案❶

　　法院认定被告人海某非法占用农用地后改变土

------

❶　详见宁夏回族自治区固原市原州区人民法院（2019）宁 0402 刑初 697 号刑事判决书。

地用途的行为，不仅违反了土地管理法规，还触犯了刑法中非法占用农用地的规定，已构成犯罪。法院判决：一、被告人海某犯非法占用农用地罪，判处有期徒刑二年，宣告缓刑三年，并处罚金人民币 20 万元，已缴纳罚款 63 290.9 元折抵后，剩余罚金 136 709.1 元由被告人海某继续缴纳；（缓刑考验的期限，从判决确定之日起计算）。二、被告人海某通过非法占用农用地非法获利 10 万元，依法予以没收，上交国库；三、由被告人海某对毁坏的 62.93 亩土地进行修复，恢复到非法占用之前的地貌状态。

案例二：熊某非法捕捞水产品罪案❶

法院认为，被告人熊某违反了保护水产资源的法规，在禁渔区及禁渔期内，擅自使用法律所禁止的工具捕捞鱼类，且情节严重，违反了《刑法》第三百四十条规定，构成非法捕捞水产品罪。法院判决：一、被告人熊永聪犯非法捕捞水产品罪，判处拘役三个月，缓刑五个月（缓刑考验期限，从判决确定之日起计算）。二、责令被告人熊永聪向珙县农业农村局缴纳生态修复费用人民币 3 000 元，在判决生效后十日内缴纳。三、扣押在案的捕鱼工具拦河网 1 张、竹筏 1 条、红色胶桶 1 只、汽油机 1 台，非法捕捞的河鱼 88 条，依法予以没收。

案例三：赵某非法收购、运输、加工、出售国家重点保护植物、国家重点保护植物制品罪案❷

法院认为，被告人赵某违反《森林法》的相关规定，在未办理林木采伐证的情况下，组织、实施采伐林木，数量较大，其行为触犯了《刑法》第三百四十五条第二款的规定，犯罪事实清楚，证据确实、充分，应当以滥伐林木罪追究其刑事责任。法院判决：

---

❶ 详见四川省珙县人民法院（2020）川 1526 刑初 130 号刑事判决书。
❷ 详见四川省高县人民法院（2020）川 1525 刑初 42 号刑事判决书。

一、被告人赵某犯滥伐林木罪，判处有期徒刑八个月，缓刑二年，并处罚金人民币 5 000 元（缓刑考验期限从判决确定之日起计算；罚金限于判决生效第二日起一个月内向本院缴纳）。二、由被告人赵某在本判决生效之日起十日内按照高县营林调查设计队出具的《高县蕉村镇青云村 10 组赵某滥伐林木案生态修复设计方案》向高县自然资源和规划局缴纳生态修复保证金 22 066 元。

从以上案例可知，环境修复已经被当作一项刑事责任运用到司法实践中，环境修复措施在不同阶段的运用，其法律性质具有本质的区别，就现行相关的刑事法律及司法解释，环境修复并不是一种法定的刑事责任，司法实践将其作为一种刑事责任的承担方式直接体现在刑事判决的判项中是一种司法实践的创新，然而在"罪刑法定"的法律框架下，这种创新仍面临如下困境：一是环境修复作为一项刑事责任的法律依据是否充分？二是此种适用是否具有合理性和正当性？三是其法理依据何在？四是如何规范其适用？基于此，本书将对环境修复措施在刑事司法中运用的司法实践、法律依据、合法性及正当性、理论依据及其在环境刑事司法实践中适用的难题和挑战进行分析和论述，并提出针对性的完善建议。

二、研究背景

（一）刑罚轻缓化与环境刑事司法严密化的时代背景

1. 刑罚轻缓化的时代背景

刑罚轻缓化是制度文明向人文精神倾斜的必然产物，是人类对于自身价值的一种反思与关怀。[1] 在经历了两次世界大战之后，

---

[1] 侯艳芳：《刑罚轻缓化趋势及其价值基础研究》，载《河南大学学报（社会科学版）》2008 年第 4 期，第 76－80 页。

各国都认识到法西斯漠视人权、践踏法制的危害性，开始对本国的刑事政策进行反思，希望能够重建对法治的信仰。20 世纪中期，法国犯罪学家马克·安塞尔提出了一种新的社会防卫理论，该理论是在对社会防卫论进行研究的基础上形成的，主张打击犯罪的手段并不应仅限于刑法，而应该是多样化的，并且刑事政策的核心在于帮助犯罪人重新回归社会。❶ 这种理论在二战之后逐渐发展成为刑法学的主流，该理论所倡导的尊重和保护人权，缓和了社会矛盾，该理论所倡导的价值为当代刑法政策所尊崇。刑罚轻缓化逐渐成为一种国际化的趋势，各国也因此对本国的刑事立法指导思想进行了调整，对刑事司法进行了理性的选择，并且刑罚轻缓化的程度，被当作衡量一个国家社会文明、经济发展以及人的价值的重要标准。❷

刑罚轻缓化以保障人权和刑罚效益为其价值基础，刑罚轻缓化更加有利于节约国家刑事司法资源，有利于降低制度化的成本。从历史的发展进程来看，刑罚轻缓化代表了人类人道主义发展的方向，体现了法律对人权的保障，契合了人类社会文明发展的历史规律。从社会治理的发展规律看，刑罚轻缓化体现了宽严相济刑事政策的贯彻，和谐社会的构建以及社会法治的进步。有学者根据罪行的严厉程度，对罪与刑的关系做了四种分类，并指出"一种科学而人道的罪刑结构应当是严而不厉，即法网严密，刑罚却不严厉。"❸

---

❶ 杜雪晶：《论安塞尔新社会防卫思想的理论内核》，载《河北法学》2009 年第 8 期，第 167－170 页。

❷ 赵秉志、金翼翔：《论刑罚轻缓化的世界背景与中国实践》，载《法律适用》2012 年第 6 期，第 7－14 页。

❸ "罪状设计严密、刑罚苛厉（又严又厉），罪状不严密、刑罚不苛厉（不严不厉），法网严密而刑罚不苛厉（严而不厉），刑罚苛厉而法网不严密（厉而不严）。一种科学而人道的罪刑结构应当是严而不厉，即法网严密，刑罚却不严厉。"参见储槐植：《走向刑法的现代化》，载《井冈山大学学报（社会科学版）》2014 年第 4 期，第 5－9 页。

可见刑罚的发展趋势是提高刑罚的严密性而降低刑罚的严厉性，刑事法网日益趋于严密化有利于提高犯罪的必罚性，刑罚轻缓化有利于平衡社会经济与刑事法律的发展关系，节约国家刑事司法资源，节省维护社会稳定的成本。❶

2. 环境刑事司法严密化的时代背景

为防止犯罪人逃避法律制裁，国家会在立法上设定较为严密的刑事法网，这已成为现代刑事立法的发展趋势。❷ 制定严密的环境刑罚体系，有利于预防环境犯罪。❸ 自改革开放以来，环境犯罪立法经历了较大的改动，从 1979 年到 1997 年，《刑法》以及先后颁布的多个修正案，逐渐形成了这样一个趋势：对于环境要素，刑法加强了保护的力度，扩大了保护的范围，降低了入罪的门槛；对于危害环境的行为，拓宽了打击的力度。对于环境犯罪的立法，由过去的散乱向集中转变，对于环境犯罪的设定，从过去的稀少到日渐增多，法律的网格也是由稀疏变得严密，惩罚的力度亦由过去的宽缓变得更加严厉。例如，不仅是对污染环境的行为进行惩罚，也加大了对破坏环境资源行为的打击力度，更加重视对水、土地、水产、大气资源、野生动植物、珍贵树木及森林等环境要素的保护，并且为此设立了对应的罪名，如对于犯罪既遂的设定，分为行为犯、情节犯（又被称为数额犯）、结果犯三种形式，环境犯罪刑事法网日趋严密。

刑事司法的任务并不是惩罚犯罪人，而应该是修复被犯罪人

---

❶ 侯艳芳：《刑罚轻缓化的效益价值及在我国当前的实现》，载《华南农业大学学报（社会科学版）》2010 年第 2 期，第 28－34 页。

❷ 赵秉志、李山河主编：《环境犯罪及其立法完善研究——从比较法的角度》，北京师范大学出版社 2011 年版，第 195 页。

❸ 杨春冼、向泽选、刘生荣：《危害环境罪理论与实务》，高等教育出版社 1999 年版，第 91－93 页。

所破坏的社会关系，以弥补被害人的损失。❶ 在刑罚轻缓化与环境刑事司法严密化的时代背景之下，将"修复性"的司法理念引入环境刑事司法实践中，构筑更加严密的环境刑事法网，而不是更严厉的刑罚，以符合社会发展的需要。环境犯罪与传统犯罪的刑罚目的不同，传统犯罪要实现一般预防和特殊预防的目的，而环境犯罪除此之外还要排除环境犯罪的危害后果，修复环境的经济价值和生态价值。❷ 对于环境的损害，传统的损害赔偿机制已无法实现完全救济，受损环境的内外部关系也没有得到有效修复，必须采取一种切实可行的修复方式来修复各种受损的关系。❸ 人与自然之间关系的损害表现为，受环境的影响，人们失去了对生产和生活资源的占有和使用，难以在原有的环境中维系原来的生活；人与人之间关系的损害主要体现为加害人与被害人之间关系的恶化。以上种种关系的修复，都需要保障相关责任人和权利人的参与权，充分考虑各方的利益和需求，让各方都能够参与到环境修复方案的制定、环境修复实施的监督以及对环境修复的效果进行验收的整个过程中。我国历来提倡刑罚应该做到"宽严相济"，在环境刑事诉讼中引入"修复性"的理念，可以在惩罚犯罪的同时，对受损的各种关系进行修复，对于构建和谐社会，推动人与环境和谐发展，必将起到积极的促进作用。

（二）环境修复纳入国家战略

2012 年，中共十八大提出了"五位一体"建设的总体规划，

---

❶ ［英］格里·约翰斯通、［美］丹尼尔·W. 范内斯主编：《恢复性司法手册》，王平等译，中国人民公安大学出版社 2012 年版，第 7 页。

❷ 于阳：《环境犯罪刑事制裁的方式与选择——以刑罚轻缓化为分析视角》，载《山东警察学院学报》2016 年第 2 期，第 114 - 123 页。

❸ 李挚萍：《环境修复法律制度探析》，载《法学评论》（双月刊）2013 年第 2 期，第 103 - 109 页。

将生态文明建设纳入了国家建设的总体战略布局，并先后出台了多项涉及生态文明建设的改革方案。2018 年 3 月 11 日，《宪法》中载入了"生态文明建设"与"生态文明"两项内容。同年，中共十九大提出了"实施重大生态修复工程"的总体战略规划，时任国务院总理李克强在当年的政府工作报告中提出了新的工作要求，要"加强生态系统保护和修复"。生态文明建设的内容主要体现在两个方面：一是对现有环境的保护，防止并控制环境被污染，对已经遭受污染和破坏的环境进行修复，制订合理的环境开发规划，提高对环境的治理能力以及对环境质量进行改善的能力；二是着眼于环境资源的开发与利用，适度利用能源资源，提高资源的利用率，避免浪费，并对资源进行优化配置。

（三）环境修复法治体系建设

环境修复是一项复杂、庞大、系统的工程，需要动员国家、社会资源，采取法治化路径保障，推进环境修复法治体系建设，调动各社会主体共同参与推进。2018 年中共中央、国务院提出了"加快生态保护与修复"的规划，对环境修复提出了具体的要求：一是要严守生态保护的红线；二是对破坏生态的行为予以坚决查处。环境修复的理念得以在中央的层面贯彻落实。❶ 政府对生态环

---

❶ "（一）划定并严守生态保护红线。按照应保尽保、应划尽划的原则，将生态功能重要区域、生态环境敏感脆弱区域纳入生态保护红线。到 2020 年，全面完成全国生态保护红线划定、勘界定标，形成生态保护红线全国'一张图'，实现一条红线管控重要生态空间。制定实施生态保护红线管理办法、保护修复方案，建设国家生态保护红线监管平台，开展生态保护红线监测预警与评估考核。（二）坚决查处生态破坏行为。2018 年年底前，县级及以上地方政府全面排查违法违规挤占生态空间、破坏自然遗迹等行为，制定治理和修复计划并向社会公开。开展病危险尾矿库和'头顶库'专项整治。持续开展'绿盾'自然保护区监督检查专项行动，严肃查处各类违法违规行为，限期进行整治修复。"《中共中央 国务院关于全面加强生态环境保护 坚决打好污染防治攻坚战的意见》，载中华人民共和国中央政府网，http://www.gov.cn/zhengce/2018 – 06/24/content _5300953.htm，访问日期：2021 年 3 月 18 日。

境的管理职能进行优化，开展节能减排、环境修复等顶层设计，主导发展的方向，在理念、目标、路线、制度及运行机制等诸多方面发挥总揽作用，建立严格的环境监督和监管机制，健全法律法规，完善政府宏观调控。在司法保障的层面上，在遵循罪刑法定的大前提下，严格适用宽严相济的刑事政策，最高人民法院（以下简称"最高法"）和最高人民检察院（以下简称"最高检"）先后发布了一系列的意见、通知及司法解释，通过司法手段促进生态修复，❶ 对破坏环境的行为进行惩治，坚决贯彻生态环境修复的理念，针对不同的环境要素，创新不同的生态环境修复方式和方法，做到惩治犯罪与环境修复两不误，以维护国家生态环境和资源安全。在社会层面上，提倡生态文明是人民群众共同参与、共同建设、共同享有的事业，引导全社会形成生态环境保护共建共享的法治氛围。

三、研究现状

（一）国外研究现状

1. 从具体的法律规定研究域外环境修复

国外对于环境刑事司法中环境修复措施的研究，最典型的是

---

❶ "充分运用司法手段修复受损生态环境""妥善协调当事人应承担的刑事、民事、行政法律责任，促进生态环境的一体保护和修复。"参见最高人民法院《关于深入学习贯彻落实习近平生态文明思想为新时代生态环境保护提供司法服务和保障的意见》（法发〔2018〕7号）。在"最大限度修复生态环境"的目标下，"落实以生态环境修复为中心的损害救济制度"，参见最高人民法院《关于充分发挥审判职能作用为推进生态文明建设与绿色发展提供司法服务和保障的意见》（法发〔2016〕12号）。将行为人"积极修复生态环境"作为刑事司法的酌定情节，参见最高人民法院、最高人民检察院《关于办理环境污染刑事案件适用法律若干问题的解释》（法释〔2016〕29号）。2018年最高人民检察院也印发通知，要求"探索生态修复法治方式，……建立生态环境刑事案件修复工作机制，……实现惩罚犯罪与保护生态有机结合"，参见最高人民检察院《关于充分发挥检察职能作用助力打好污染防治攻坚战的通知》（2018年7月22日发布）。

澳大利亚、美国、欧盟及日本等国家和地区。澳大利亚的新南威尔士州将环境犯罪做了三种分类，对于其中两类环境犯罪案件，法院可以在判决中明确被告需要采取的措施，其目的是降低因环境犯罪对环境造成的损害，或是判决被告人支付环境修复的费用，并提供相应的保证金。❶ 判决被告人承担修复的费用这一做法与我国的第三方代履行环境修复方式类似，即无法直接对环境进行修复时，被告人需承担修复的费用。美国的环境法高度发达，环境修复是美国环境司法的一项重要内容。早在 1977 年，为了满足能源的需要，规范采矿行为，减少采矿对环境、土壤再生及公共健康和安全的危害，美国出台了《露天采矿控制与复垦法案》，该法案对采矿的作业程序、标准、复垦目标、技术和措施都作了详细的规定。❷ 在某种特定情况下，可以判决被告人承担与环境价值相当的金钱，用于进行环境修复，例如，法官可以在判决中对被告人应承担环境修复的法律责任，或者以被告人需要在事后承担生态恢复任务相警告，以遏制污染者或潜在污染者危及公共利益的活动。❸ 与之相似的是，只有在支付了修复地表相应费用的前提下，才能够实施诸如露天采矿这样的行为。欧盟国家在环境修复责任的发展方面也做了巨大努力。例如，欧洲议会在 2000 年通过了《欧盟环境责任白皮书》，❹ 该

❶ 胡静、刘恩赐：《澳大利亚环境法的实施手段》，载《环境经济》2012 年第 1 期，第 81 - 83 页。

❷ 全国人大环境与资源保护委员会：《世界环境法汇编（美国卷四）》，中国档案出版社 2007 年版，第 1598、1622 页。参见该法案第 1233、1265 条等。转引自胡卫：《环境侵权中修复责任的适用研究》，法律出版社 2017 年版，第 9 页。

❸ ［美］约瑟夫·L. 萨克斯：《保卫环境——公民诉讼战略》，王小钢译，中国政法大学出版社 2011 年版，第 195 页。

❹ White Paper on Environmental Liability (Presented by the Commission), 9 February 2000, COM(2000) 66 final. 转引自胡卫：《环境侵权中修复责任的适用研究》，法律出版社 2017 年版，第 11 页。

白皮书承继了污染者负担原则，即针对不同类型的环境损害，采取了不同的评价标准，并且建立了与之相适配的环境修复标准和救济的目标。2004 年，欧盟国家通过了《关于预防和补救环境损害的环境责任指令》，❶ 适用于环境损害的预防以及环境修复、采取补救措施的情况。日本也曾经长时间遭受环境公害的困扰，为应对环境公害，先后颁布了多部法律予以应对，如在 2002 年制定了《日本土壤污染对策法》，并在 2011 年借鉴《美国超级基金法》对其进行了修订，规定了污染场地的修复责任主体、调查与评估、修复的标准等。❷ 以上关于环境修复的规定，体现了修复性司法理念指导下的环境修复司法实践。

2. 从修复性司法路径研究环境修复

1977 年，修复性司法（Restorative Justice）的概念首次被提出来。❸ 霍华德·泽尔（Howard Zehr）则主持了美国首个加害者——受害者会谈项目，其代表作《视角之变——犯罪和司法的一个新关注点》被称为该领域的经典之作，其对恢复性司法所作的如下定义被奉为经典："恢复性司法是在尽可能的范围内，让那些和某一犯罪有利害关系的人或组织参与进来，由参与者来共同确定解决的方案，以促进被破坏的关系最大限度地回到最初的良好状态

---

❶ "2004 年，欧盟国家通过了一项《关于预防和补救环境损害的环境责任指令》，这项指令适用于对环境损害的预防与环境修复、补救措施的采取。" On Environmental Liability with Regard to The Prevention and Remedying of Environmental Damage , Directive 2004/35/EC of the European Parliament and of the Council . of 21 April 2004. 转引自胡卫：《环境侵权中修复责任的适用研究》，法律出版社 2017 年版，第 11 页。

❷ 龚宇阳：《污染场地管理与修复》，中国环境科学出版社 2012 年版，第 28 页。

❸ "1977 年，美国学者巴内特在其发表的文章《赔偿：刑事司法中的一种新范式》中第一次提出了修复性司法（Restorative Justice）的概念。" R. Barnett,（1977）Restitution:A new paradigm of criminal justice,Ethics87:4,pp.279 - 301.

的一种程序"。● 霍华德·泽尔对恢复性司法的定义、适用的程序、价值目标等都做了详细的介绍。2002 年，联合国相关组织在其通过的文件●中给恢复性司法下了定义：恢复性司法是一种对策，该对策针对的对象是犯罪，并且随着犯罪的变化而呈现不同的发展，该政策认为应该对受害者、罪犯和社区都赋予足够的平等和尊重，让他们之间相互理解，以达到促进社会和谐的目的。该文件对恢复性司法的定义持一种开放性的态度，没有将恢复性司法限定在某种固定的模式，而是提倡根据案件的特殊性采取不同的解决方式，给出不同的解决方案，而且恢复性司法也不局限于适用于某个阶段，只要不违反本国现行的法律，它可以适用于刑事司法的任何一个诉讼阶段。联合国文件对恢复性司法作出的这一开放性的定义，为各国进行恢复性司法实践提供了依据，恢复性司法在刑事司法领域的探索和创新得到不断发展。

（二）国内研究现状

1. 环境修复主题的研究热度高

国内学术界对"环境修复"的学术关注度较高，作者在中国知网以"环境修复"作为关键词进行了查询，自 2003 年起，学界对"环境修复"的关注度，呈现出逐年上升的发展趋势，并有进一步热化的态势，这与我国"生态文明建设"、2014 年《环境保护

● Howard Zehr, The Little Book of Restorative Justice, (Intercourse, PA: Good Books. 2002) ,p. 37.

● "恢复性司法是对犯罪的一种不断发展变化的对策，它通过使受害者、罪犯和社区复原而尊重每个人的尊严与平等，建立理解并促进社会和谐"，"在不违反本国法律的情况下，恢复性司法方案可在刑事司法制度的任何阶段采用。"联合国文件：《关于在刑事事项中采用恢复性司法方案的基本原则》，载王平主编：《恢复性司法论坛（2005 年卷）》，群众出版社 2005 年版，第 512 页。

法》修订的时代背景相吻合。但是，在"生态文明建设"背景之下，对环境修复的研究还是不够充分，理论指导环境修复的司法实践还需加强。

2. 从修复性司法的角度研究环境修复

陈晓明教授认为，修复性司法理念具有丰富的文化和思想内涵，修复性司法倡导的转换视角、鼓励各方参与、倡导相互和解、关注相互平等的司法理念，对修复性司法作用的发挥起到精神指导的作用。❶ 于改之教授认为，修复性司法理念的基础是修复性的正义理念、利益的平衡理念、参与制的民主理念，并对此进行了较详细的阐述。❷ 张继钢教授提出修复性司法是生态修复刑事责任赖以存在的理论依据之一，并进一步提出了应当通过明确环境修复的原则、设置复合责任、细化环境修复的方式等，对生态责任的适用进行完善。❸ 任洪涛博士等认为生态修复性司法理念对环境刑事司法起到了弥补的作用，转变了过去只注重对被告人的惩罚而忽视激励、只注重对环境的保护而忽视修复的做法，对传统环境刑事司法起到了弥补作用，并结合我国现行司法实践中生态修复的三种模式，提出了完善的路径。❹ 李挚萍教授和田雯娟博士则

---

❶ 陈晓明：《修复性司法的理论与实践》，法律出版社 2006 年版，第 20 页。

❷ 于改之、吴玉萍：《多元视角下恢复性司法的理论基础》，载《山东大学学报（哲学社会科学版）》2007 年第 4 期，第 39－44 页。

❸ 张继钢：《生态修复的刑事责任方式研究》，载《环境污染与防治》2017 年第 8 期，第 925－928 页。

❹ "我国现有的三种生态修复性司法制度实践模式：一是政府运行模式，二是法院运行模式，三是第三方市场运行模式，提出了完善生态修复性司法制度的路径。"参见任洪涛、严永灵：《论我国生态修复性司法模式的实践与完善》，载《西南政法大学学报》2017 年第 4 期，第 86－94 页。

认为修复性司法理念契合现代绿色环境司法的要求。❶

3. 从环境犯罪角度研究环境修复

周兆进教授提出修复性司法理念与生态伦理观、环境犯罪的惩罚目的相契合，在环境犯罪中适用修复性司法符合轻刑化的发展要求，并有助于预防犯罪。❷ 侯艳芳教授等对环境犯罪客体的特殊性进行了阐述，提出恢复性司法重点关注犯罪造成的后果，致力于消除犯罪造成的影响，并认为在环境犯罪中适用修复性理论具有可行性。❸ 徐以祥教授等指出，环境修复责任要惩罚污染者、赔偿受害者和修复被损害的生态环境。❹ 王世进教授等从环境犯罪的目的角度，提出了在环境刑事司法中引入修复性司法理念以及公众参与制度的重要性。❺ 张霞博士认为，环境修复措施在环境犯罪案件中的适用，取得了良好的效果，具有较强的针对性和积极的现实意义。❻ 刘仁文教授将恢复性司法视为一种处理刑事犯罪的方式，积极地沟通、交流、协商，最后达成各方都能接受的

---

❶ "修复性司法理念鼓励各方当事人参与解决环境犯罪造成的问题，在环境刑事司法实践中运用修复性措施符合多元刑事司法的趋势，符合绿色环境司法的理念。"参见李挚萍、田雯娟：《恢复性措施在环境刑事司法实践中的应用分析》，载《法学杂志》2018 年第 12 期，第 109 - 121 页。

❷ 周兆进：《恢复性司法在环境犯罪中的应用》，载《广西社会科学》2017 年第 2 期，第 99 - 103 页。

❸ 侯艳芳、冯殿美：《论恢复性司法在环境犯罪惩治中的适用空间》，载《南京大学学报（社会科学版）》2008 年第 1 期，第 69 - 73 页。

❹ 徐以祥、王宏：《论生态修复性司法》，载《人民司法》2016 年第 13 期，第 79 - 83 页。

❺ 王世进、周志兴：《论恢复性正义在环境刑事司法中的适用》，载《江西理工大学学报》2016 年第 2 期，第 25 - 28 页。

❻ 张霞：《生态犯罪案件中恢复性司法应用研究》，载《政法论丛》2016 年第 2 期，第 112 - 119 页。

犯罪解决方案。[1] 邓晓东教授则从法益的角度对传统的修复性司法进行了反思，认为修复性司法应该在生态中心主义生态伦理观下，对环境犯罪进行解构，并泛化修复性司法主体结构关系。[2]

4. 从刑罚的角度研究环境修复

蒋兰香教授提出应当将环境修复作为刑罚处罚的辅助性措施，以实现环境恢复和权益保障的目标。[3] 蒋兰香教授还认为应当明确规定生态修复作为非刑罚处罚方法，应对其名称进行规范、裁判要做到科学合理、并进一步拓展其工作机制。[4] 王树义教授等认为修复性是对重刑罚轻修复、对被害人权利保护不足司法模式的检视和优化，是对刑事诉讼与民事诉讼过分分离与对立的纠偏，应推动修复性司法在环境刑事案件中的适用。[5] 宁清同教授等指出"修复性司法"是环境刑事责任的理论基础，应发挥民事、行政、刑事三种生态责任形式共同维护生态法益的作用。[6] 徐本鑫教授指出环境修复责任在环境司法实践中的运用与运用司法的手段对环境进行修复的政策导向相契合，认为在环境资源类刑事案件中判

---

[1] 张建升：《恢复性司法：刑事司法新理念——访中国社会科学院法学所副研究员刘仁文》，载《人民检察》2004 年第 2 期，第 29 – 31 页。

[2] 邓晓东：《论生态恢复裁判方式的法制化——以赎刑制度的后现代改造为视角》，载《福建师范大学学报（哲学社会科学）》2015 年第 2 期，第 8 – 14 页。

[3] 蒋兰香：《环境刑罚辅助措施研究》，载《河南省政法管理干部学院学报》2008 年第 3 期，第 55 – 64 页。

[4] 蒋兰香：《生态修复的刑事判决样态研究》，载《政治与法律》2018 年第 5 期，第 134 – 147 页。

[5] 王树义、赵小娇：《环境刑事案件中适用恢复性司法的探索与反思——基于 184 份刑事判决书样本的分析》，载《安徽大学学报（哲学社会科学版）》2018 年第 3 期，第 102 – 110 页。

[6] 宁清同、南靖杰：《生态修复责任之多元法律性质探析》，载《广西社会科学》2019 年第 12 期，第 107 – 117 页。

令被告人采取环境修复措施是生态修复性司法理念的积极创新。❶
李挚萍教授指出了将环境修复作为一种法律的救济形式，在司法
实践过程中，依然存在法律依据欠准确、标准不统一、责任承担
方式不明确、环境修复目标及修复方案缺乏相应的指引等诸多问
题，认为应从立法程序、标准确立、程序制定及协调机制上去完
善环境修复。❷ 胡卫教授提出将环境修复的履行情况作为量刑的重
要参考。❸

（三）对现行研究的评述

国内很多学者在对修复性司法的概念、法律属性、价值功能
以及适用范围等基本问题的理解上已经逐渐形成共识，普遍认识
到修复性司法相较于报应性司法的优势，并对修复性司法运用于
环境刑事司法给予了肯定性的评价。

部分学者对环境修复进行了研究，但这种研究大多停留在对
环境修复措施运用的经验、所取得的成效等方面进行探讨，主要
从实证的角度对刑事附带民事诉讼中的环境修复措施进行研究，
而从刑罚的角度对环境修复措施运用于环境刑事司法实践的理论
研究则相对欠缺，没有形成系统性的理论体系，对司法实践的指
导尚显不足。而且，对于环境修复措施在刑法上的刑罚定性、适
用条件等均没有形成统一的共识，因此制约了环境修复措施在刑
事司法中的运用。

作为一种刑事司法实践创新，环境修复措施，特别是具有刑

---

❶ 徐本鑫：《刑事司法中环境修复责任的多元化适用》，载《北京理工大学学报
（社会科学版）》2019 年第 6 期，第 140 - 148 页。
❷ 李挚萍：《环境修复的司法裁量》，载《中国地质大学学报（社会科学版）》2014
年 7 月第 4 期，第 20 - 27 页。
❸ 胡卫：《我国环境修复司法适用的特色分析》，载《环境保护》2015 年第 19 期，
第 58 - 61 页。

事惩罚性质的修复措施的运用面临诸多争议和困境。基于此，本书对刑罚意义上环境修复措施在环境刑事司法实践中的运用进行研究，以完善刑罚中环境修复措施的机制。

四、本书的创新及不足之处

（一）本书的主要创新点

创新点之一：对刑事司法实践中环境修复措施的法律性质进行了界定，建议将刑事判决中的环境修复措施定性为附加刑。因附加刑具有灵活性和补充性的特点，将环境修复措施定性为附加刑，可以有效弥补主刑在惩治环境犯罪中的不足，并能预防主刑的滥用和刑罚过剩、实行刑罚的特殊预防作用、实现刑罚的经济化，使环境修复措施的运用具备法律正当性。

创新点之二：对环境刑事司法实践中环境修复措施的适用案件类型和适用条件提出了建议。环境修复附加刑适用的案件类型包括轻罪案件与重罪案件，建议在轻罪中可以单独适用，在重罪中附加适用。适用的前提条件是环境法益受到了损害、受损的环境法益具备可修复性、犯罪行为人具有实施生态修复的能力。

创新点之三：对适用修复性司法的案件范围提出了具体建议。过去学者在对修复性司法适用的案件类型进行研究时，普遍认为修复性司法只适用于在未成年人犯罪案件、轻型犯罪案件以及自诉案件中，对于造成严重后果的刑事犯罪修复性司法并不存在适用的空间。本书认为，是否适用修复性司法不应该以案件是否造成严重后果为判断的依据，而应看其后果是否存在修复的可能性，需要结合案情进行研判，一是征求各方的意见，赋予各方当事人，尤其是受害人更大的自主选择权；二是对修复的可能性进行预评估；三是对修复的成本进行权衡。如果受害人选择适用修复性司法，且损害的后果存在修复的可能性，只要在没有侵害国家或他人的合法权益，也没有违背公序良俗的前提下，即便是造成了严重后果，也可以适用修复性司法对案件进行处理，因此，本书认为修复性司法不应该局限于未成年人犯罪、轻刑犯罪和自诉等案件，而是可以适用于所有的案件类型。

创新点之四：对社区矫正纳入生态环境修复的内容提出了具体路径建议。本书认为应该将环境修复的理念贯穿到社区矫正制度的过程中，过去的社区矫正制度，对于缓刑犯的考验措施不具有针对性，不管是何种犯罪，在缓刑考验期内，其考验的内容和被采取的措施并不具有针对性，主要是对行为的适法性进行考核，辅以一定的社区劳务，但是环境犯罪具有自身的特殊性。因此，本书建议对于环境犯罪的缓刑犯，在缓刑考验期内，应采取与环境修复相适应的考核措施，如可以责令环境犯罪人在缓刑考验期内履行植树造林、治理污染等修复生态环境的义务，以进一步丰富缓刑考验期内社区矫正制度的内容。此外，建议在《社区矫正实施办法》中增加关于"罪犯必须积极履行环境修复责任"的内容作为社区矫正的参照标准。

创新点之五：对在刑事诉讼中的不同阶段所适用的环境修复措施作了区分。本书认为，在案件的审查起诉期，环境修复措施在一定条件下可以作为检察机关免予起诉的理由；在案件的审理阶段，环境修复措施可以作为非刑罚的处罚方法或者进行从宽处罚的条件；在案件的执行阶段，环境修复措施可以作为罪犯获得减刑或者假释的条件。

（二）本书的不足之处

1. 案例的样本选取不够全面

为了更好地研究本选题，从 2018 年至 2022 年，本书从中国裁判文书网、OpenLaw 裁判文书网、最高院与最高检的网站搜集了与环境修复相关的典型案例开展了认真研究，但主要以类型化的案例为切入点，没有做到全样本分析，案例选取的丰富性上还不够全面，对相关理论的把握能力还有待提升。

2. 研究系统性方面

环境修复措施在环境刑事司法中的运用，涉及刑事司法的各个阶段，环境修复措施最初主要是运用于刑事司法中，然而发展至今，环境修复措施与民事、行政司法同样存在千丝万缕的联系，不应该把它们隔绝开来，但基于本人研究能力和本书篇幅所限，本书仅以环境修复措施在环境刑事司法中的运用为主要的研究对象，具体剖析刑事司法中的环境修复措施，无法全面涉及民事、行政及刑事司法中的其他制度之间的关系，给本书研究也留下了诸多遗憾。

3. 外文文献的引用方面

受获取英文资料路径和作者的英文水平所限，本书在外国文献的引用和参考方面有所欠缺，借鉴外国司法的判例分析也尚有不足。

五、研究的方法与本书的结构

(一) 研究的方法

理论的意义在于指导实践，理论从实践中来，归根结底也要运用到实践中去。笔者自 2014 年入职法院工作，作为一名法律实务工作者，更希望运用比较务实的方法对本书的内容进行研究，希望能够以理论与实践结合的方式，综合运用如下多种研究方法，对环境修复进行系统、深入的研究。

1. 文献分析法

任何一种研究都离不开对前人已有成果的学习与参考，因此本书的研究采用了文献分析法、理论归纳法等研究方式。通过多种途径全面收集并整理目前国内外现有的关于环境修复的相关论文、裁判文书等资料，进行整理、分类归纳、总结提升，从中国学术期刊数据库，中国优秀硕士、博士学位论文数据库、中国重要报纸全文数据库，法信网，北大法宝等网上图书馆搜集资料，查阅各种正式出版的相关书籍。并在此基础上对我国当前司法实践中环境修复措施在环境刑事司法中的运用情况、存在的问题等进行分析，找到环境修复措施运用于环境刑事司法中的理论依据及价值所在，为本书写作积累相应的素材，明确研究的方向，建立本书写作的框架。

2. 比较分析法

通过对环境修复与传统刑事法律的不同之处进行对比分析，探询二者之间的关系。横向上，对西方修复性司法理论的产生、发展，以及修复性司法理论在司法领域的运用进行查阅、学习，并结合我国国情，借鉴西方成功的经验，探求为我所用；纵向上，对环境修复责任理论在我国司法实践中运用的历史沿革、典型案例进行深入的对比研究，以此构建适合我国司法实践的环境修复机制。

3. 案例分析法

本书主要选取了 2021 年环境刑事司法中的"破坏环境资源罪"案例进行研究，通过对这些典型案例裁判的法律效果和社会效果进行分析，指出现行环境刑事司法实践存在的主要问题，并从个案中总结出司法实践的不足之处，指出环境修复措施在环境刑事司法实践中运用的合法性和合理性。

4. 历史分析法

以历史的角度作为考察的路径，对环境修复措施在我国环境刑事司法实践中的运用进行了研究，阐明了环境修复措施的运用是修复性司法在我国司法实践中的具体体现，从刑事司法的运用推演至环境刑事司法中的运用。并对我国古代"和"的文化背景进行分析，揭示了我国存在与修复性司法相适应的"和谐"文化，为修复性司法在我国的推广和适用提供社会基础。在我国传统的刑罚观念中，存在着以"和"为主导思想的刑罚制度设置，在借鉴域外关于修复性司法的成功经验的同时，不应该忽视老祖宗给我们留下的历史资源精华，以及丰富的文化内涵。本书对我国古代传统法律文化中，关于环境保护的因素进行了传承，如对以德为主、以刑为辅、和合文化、不能竭泽而渔、❶ 休养生息等朴素的生态环境观等进行剖析，希望能够拓展时空的界限，追求古为今用，引入相关历史文化的资源为环境修复措施的运用提供更多的文化认同感。

（二）本书的结构

本书包括引言、正文四章、结语，共六个部分。

引言主要是阐述研究问题的起源、研究背景、研究现状、创新及不足、研究方法等问题，重点是通过文献检索与实践观察，从司法实践工作与文献研读中发现、提出了本书研究的刑罚意义上的环境修复措施的理论。描述了本研究的刑罚轻缓化与环境刑事司法严密化、环境修复纳入国家战略、环境修复法治体系建设等背景。发现了现有研究大多停留在对环境修复措施运用的经验、所取得的成效等方面进行的探讨，主要从实证的角度对刑事附带民事诉讼中的环境修复措施进行研究，从刑罚的角度对环境修复措施运用于环境刑事司法实践的理论研究则相对欠缺，没有形成

---

❶ 《吕氏春秋》曰："竭泽而渔，岂不获得，而明年无鱼；焚薮而田，岂不获得，而明年无兽。"

系统性的理论体系，对司法的实践指导存在不足，而且，对于环境修复措施在刑法上的刑罚定性、适用条件等均没有形成统一的共识，制约了环境修复措施在刑事司法中的运用，这些研究遗留的缺憾为本书的研究提供了继续研究的空间。研究创新主要是对刑事司法实践中环境修复措施的法律性质进行了界定，建议将刑事判决中的环境修复措施定性为附加刑；对环境刑事司法实践中环境修复措施的适用案件类型和适用条件提出了建议；对适用修复性司法的案件范围提出了具体建议；对社区矫正纳入生态环境修复的内容提出了具体路径建议；对在刑事诉讼中的不同阶段所适用的环境修复措施作了区分。在方法上采用了包括文献法、比较法等五种研究方法。

第一章对刑罚中的环境修复措施进行了考察。首先，介绍了环境修复措施产生的历史渊源，阐明了在修复性司法理论的影响下促进了环境修复措施在环境刑事司法中的运用。其次，从案件的地域分布、案件罪名分布、案件刑罚情况等方面介绍了环境修复措施的判决样态，分析了环境修复措施的表现形式包括货币形式和行为形式等。最后，阐明刑罚中环境修复措施运用的现实意义，包括促进环境有效修复、符合宽严相济的刑罚政策、最大限度地挽救被告人、强化环境刑事责任体系等。

第二章对刑罚中环境修复措施运用的困境和挑战进行了分析。首先，指出了刑罚中环境修复措施运用的法律定性不准确，无论是定性为"刑事责任""行政责任"还是"民事责任"都缺乏法律的明确指引，或者违背相应的法理。其次，从环境修复措施在环境刑事司法中的适用率偏低且"重惩罚、轻修复"、环境修复目标不明确、环境修复标准不统一、多重经济型环境修复措施负担有失公平正义、实刑影响环境修复措施的实际履行等方面阐明了刑罚中环境修复措施运用的合理性不足。最后，阐明了公众参与制度的缺失、环境修复验收制度不完善、刑民与刑行修复制度衔接不畅是刑罚中环境修复措施运用的配套机制不完善的主要表现。

第三章对刑罚中运用环境修复措施的法理依据进行了探析。首先，从修复性司法理论出发，讨论环境公益嵌入、环境修复责任价值、修复性司法理论与惩治环境犯罪的理论互洽等问题。其次，从环境修复措施符合刑法谦抑性的发展进行论述。再次，从刑法的生态化角度，探讨了刑法生态化理论下的环境法益保护，表明了环境修复措施符合刑法生态化价值目标。最后，从罪责自负的刑罚理论出发，讨论罪责自负理论下的环境修复刑罚价值、环境修复措施契合罪责自负的刑罚目标。

第四章对刑法中环境修复措施的运用提出了完善建议。首先，对现行刑法的惩罚性价值导向进行了反思和调整。指出了现行刑法对环境犯罪主要以惩罚为主，忽视对环境损害的修复、对环境法益的关注不足，提出了刑法要改变以往以惩罚性为主的单一价值导向，兼顾实现惩罚犯罪与补偿环境法益的双重作用，注重对受损环境的修复。其次，明确刑法中环境修复措施的刑罚定性。在对不同的环境修复措施进行区分、厘清刑罚意义上的环境修复措施的基础上，提出了将刑罚意义上的环境修复措施定性为附加刑的合理性。在确定了环境修复作为附加刑的法律地位之后，进一步明确环境修复附加刑适用的案件类型和条件，适用的案件包括轻罪案件与重罪案件，建议在轻罪中可以单独适用，在重罪中附加适用。适用的前提条件是环境法益受到了损害、受损的环境法益具备可修复性、犯罪行为人具有实施生态修复的能力。再次，从提高刑罚中环境修复措施的利用率、合理构建环境修复目标、分类构建科学的环境修复标准、合理运用刑罚中各项经济性环境修复措施、均衡刑罚中的自由刑与环境修复措施等几个方面提高刑罚中适用环境修复措施的合理化。最后，从构建有效的环境修复公众监督机制、完善环境修复验收制度、厘清刑民、刑行环境修复关系等方面来完善刑罚中运用环境修复措施的机制。

　　结语主要是对本书的研究作出简要的结论，分析研究尚存不足，分析环境修复责任研究的发展趋势，提出继续深化研究的期盼。

第一章

刑罚中环境修复措施的考察

第一节　刑罚中环境修复措施的
产生与运用

"修复性司法是西方国家在刑事司法领域推行的一项新制度，是以修复原有社会秩序为目的的犯罪矫治实践或计划。"❶ 与以往报复性的司法理念不同，修复性司法更加注重对受害人和社会所受到损害进行补偿，并改造犯罪行为人，其目的在于对环境犯罪行为造成的损害进行修复，以恢复原有的良好社会秩序。修复性司法在破坏环境资源保护刑事案件中的运用，主要体现在对被告人判处环境修复措施的方式，以实施对被破坏的环境的修复，使保护生态环境的目的得以实现。

---

❶ 李挚萍：《生态环境修复司法的实践创新及其反思》，载《华南师范大学学报（社会科学版）》2018 年第 2 期，第 152－156 页，192 页。

一、环境修复措施产生的历史渊源

（一）修复性司法的兴起

在西方国家，自 20 世纪 70 年代开始，随着被害人诉讼地位的不断提升，兴起了以被害人为司法导向、对传统刑事司法进行反思的刑事政策思潮，这场名为"恢复性司法"的改革运动在西方国家中传播开来，该运动主要运用于刑事司法领域，这场运动对世界刑事司法理念、制度以及具体的立法及适用等方面产生了深远的影响。许多国家纷纷以多种方式加入了修复性司法的实践中，最开始修复性司法主要运用于未成年人犯罪以及一些轻微的刑事犯罪，后来修复性司法也逐步被运用到一些其他类型的犯罪中，[1] 修复性司法发挥的作用越来越大。修复性司法、社区矫治以及社区警政被认为是积极性刑事司法的三大支柱，修复性司法更被认为代表了 21 世纪世界刑事司法最新的发展方向。[2] 修复性司法作为一种新的应对犯罪的模式，是对传统一元化的刑罚模式的补充，修复性司法所倡导的修复性正义观是对传统司法报应观的反思与重构，目的在于对被害人、加害人以及社会三重利益主体之间关系的修复，以受害人为中心，寻求社会、加害人、被害人各方回复，达到多方共赢的制度。[3] 修复性司法的应用，对传统刑事司法的司法理念和司法实践产生了较为深远的影响。

---

[1] 周长军、高建明：《恢复性司法理论对中国刑诉改革的可能意义》，载《山东大学学报（哲学社会科学版）》2008 年第 2 期，第 140－146 页。

[2] ［美］丹尼尔·W. 凡奈思：《全球视野下的恢复性司法》，载《南京大学学报》2005 年第 4 期，第 131－136 页。

[3] 王树义、赵小姣：《环境刑事案件中适用恢复性司法的探索与反思——基于 184 份刑事判决书样本的分析》，载《安徽大学学报（哲学社会科学版）》2018 年第 3 期，第 102－110 页。

(二) 修复性司法促进了环境修复措施的运用

修复性司法被认为是一种极具权威性的、创新性的司法理念，● 在国际刑事司法发展上得以推广和运用，20 世纪 90 年代，我国也开始了将修复性司法理念运用于环境刑事司法实践的探索，在环境刑事犯罪案件中出现了要求被告人承担环境修复责任的案例，● 在环境刑事司法实践中，环境修复措施逐渐得到了推广和应用，并呈现出多元化的类型，主要表现为补植（种）复绿、土壤修复、增殖放流、护林护鸟、退矿（耕）还林、赔偿或缴纳生态损害赔偿金、第三方代履行、环保公益劳动等多元化的形式。● 环境修复措施在环境刑事司法实践中的运用，获得了较好的社会效果和法律效果，采取了环境修复措施的判决被认为是"一判三赢"的判决。

在修复性司法理念的影响下，理论界和司法界对环境刑事司法的功能进行了重新审视和定位，对刑罚的目的也进行了反思，认为刑罚的目的并不在于对犯罪行为的报应，而应该是预防犯罪。● 环境刑事司法也应该秉持预防犯罪的司法理念，环境刑罚的目的也不应该仅限于惩罚犯罪，而应该兼顾对受损的环境进行修复，因此，在环境案件的裁判过程中，要注重采取修复性的措施对环境进行修复。● 修复性司法作为一种新型的应对犯罪的模式，

● 张继钢：《生态修复的刑事责任方式研究》，载《环境污染与防治》2017 年第 8 期，第 925 – 928 页。

● 1992 年，黑龙江省苇河林区基层法院在"张某林、张某刚盗伐林木案"中，判决张某林有期徒刑 1 年，缓刑 2 年，并缴纳赔偿金 328.18 元，植造落叶松 5 亩（1000 株），抚育 3 年，并保证成活率达到 90% 以上。祝铭山：《破坏环境资源保护罪（典型案例与法律适用）》，中国法制出版社 2004 年版，第 10 – 14 页。

● 蒋兰香：《生态修复的刑事判决样态研究》，载《政治与法律》2018 年第 5 期，第 134 – 147 页。

● 董桂武：《论刑罚目的对量刑情节适用的影响》，载《法学论坛》2018 年第 6 期，第 132 – 142 页。

● 蒋兰香：《环境犯罪基本理论研究》，知识产权出版社 2008 年版，第 299 页。

是对传统一元化的刑罚模式的补充，修复性司法所倡导的修复性
正义观是对传统司法报应观的反思与重构，其目的在于对被害人、
加害人以及社会三重利益主体之间关系的修复，以受害人为中心，
寻求社会、加害人、被害人各方回复，以达到多方共赢的制度。

相较于传统的恶性犯罪而言，环境犯罪虽然具有经济发展与
环境破坏的双面性，但是行为人的主观恶性较小，罪责较轻，对
被告人适用修复性的惩罚措施，一方面充分考虑了被告人的经济
承受能力，另一方面给被告人一个改过的机会，起到了惩罚和教
育的双重作用，对于惩罚犯罪和环境的修复都能取得良好的效果。
环境犯罪被认为侵害了生态环境利益，在对被告人适用刑罚措施
的同时，附带对其适用具有修复环境和补救功能的惩罚措施，不
仅有利于保护环境法益，还有利于刑罚立法目的的实现。❶ 修复性
司法着重对已经被损害关系的修复，修复性司法理念指导下的环
境修复措施契合了惩罚与预防犯罪的刑罚目的，实现修复环境的
环境刑罚目标。修复性司法所倡导的环境修复是全方位的，既注
重对生态环境的修复，也注重对人际关系，人与自然环境关系的
修复，为建立以人为本、持续发展的和谐社会提供制度保障。❷

修复性司法被认为是刑事司法正义的体现，主要体现在：一
是将犯罪视为一种社会问题；二是对被损害的关系进行修复；三
是对问题的实质性解决；四是需要各方共同参与环境修复的过
程。❸ 修复性司法倡导的正义观关心整个事件中的每个当事人之间
的关系，关心原、被告背后的精神人文关怀，重点在于对原、被

---

❶ 刘晓莉：《生态犯罪立法研究》，吉林大学出版社 2006 年版，第 232 页。
❷ 李挚萍：《环境修复法律制度探析》，载《法学评论》2013 年第 2 期，第 103 –
　109 页。
❸ 许福生：《刑事政策学》，中国民主法制出版社 2006 年版，第 175 页。

告之间关系的修复，而不仅仅是为了惩罚犯罪人或作出判决。❶ 修复性司法认为惩罚犯罪并不是环境保护的终极目标，环境保护的目标是使人类享有更加和谐美好的生存环境，修复和补偿已被污染和损害的环境成为环境保护所要面对的重要问题，因此，刑法在惩治环境犯罪的过程中，也要运用经济的手段来对受损的生态环境进行合理的补偿，❷ 修复性司法理念改变了以往刑罚一判了之，一赔了之的做法。

在环境刑事司法实践中，对环境进行修复是修复性司法理念的核心价值所在，修复性司法的出发点在于关注环境的修复，秉持修复性司法理念的学者认为，惩罚并不是环境刑事司法的唯一目的，需要兼顾对受损环境的修复，因此，在环境案件的裁判过程中，更加注重采取环境修复措施对环境进行修复。❸ 在修复性司法理念的带动和影响下，理论界和实务部门均认识到环境修复的重要性，把修复性的司法理念贯穿于环境刑事司法的实践中，这已经成为一种新的环境刑事司法的发展趋势，环境犯罪被视为一种公害型的犯罪，对该犯罪的预防与控制，其意义大于对行为人的事后惩罚，督促犯罪人采取有效的措施排除或阻止犯罪行为造成的危害，才更加有利于修复和谐的环境关系，这才是最有效的惩罚方式。❹ 修复性司法的理念在刑事司法上最直接的体现是，出现了形式多样的环境修复性措施，例如，补植（种）复绿、土壤

❶ 耿开君：《中国亟待建立修复正义的观念与实践体系》，载《探索与争鸣》2004年第11期，第26-27页。
❷ 赵秉志、李山河主编：《环境犯罪及其立法完善研究——从比较法的角度》，北京师范大学出版社2011年版，第34页。
❸ 蒋兰香：《环境犯罪基本理论研究》，知识产权出版社2008年版，第299页。
❹ 侯艳芳：《环境刑事违法的恢复性司法研究》，载《中国地质大学学报（社会科学版）》2008年第5期，第39-43页。

修复、增殖放流、护林护鸟、退矿（耕）还林、赔偿或缴纳生态损害赔偿金、第三方代履行、环保公益劳动等。环境修复责任方式的多样化符合个案的特殊性需求，充分发挥了修复性司法的特殊预防、打击犯罪与环境修复的多重作用，减少了人际关系的对抗，缓和了人类与生态环境之间的紧张关系，增强了人们保护环境的意识。

二、刑罚中环境修复措施的运用

（一）环境修复措施的判决样态

为了进一步考察环境刑事案件裁判中运用环境修复措施的情况，本书在中国裁判文书网上对 2021 年在判项中运用了环境修复措施的裁判文书进行了检索，在高级检索中设置检索条件：全文检索为判决结果（判项）"修复"，检索的案由为"破坏环境资源保护罪"，检索的法院层级为"全部"，案件类型"刑事案件"，文书类型为"判决书"，审判程序为"刑事一审"，裁判日期为"2021 年 1 月 1 日—2021 年 12 月 31 日"，经过人工筛选，最终得出符合条件的有效判决文书 411 份。

1. 案件的地域分布情况

本书搜集到的 411 份裁判文书所分布省（自治区、直辖市）及数量如图 1 所示。411 份裁判文书分布于 24 个省（自治区、直辖市），其中，湖南省有 68 份，占比约 16.55%；四川省有 49 份，占比约 11.92%；贵州省有 38 份，占比约 9.25%；安徽省有 31 份，占比约 7.54%；广西壮族自治区有 28 份，占比约 6.81%；江西省有 23 份，占比约 5.6%；湖北省有 22 份，占比约 5.35%；黑龙江省有 19 份，占比约 4.62%；福建省有 18 份，占比约 4.38%；山东省有 16 份，占比约 3.9%；江苏省有 15 份，占比约 3.65%；

广东省、河北省各有 14 份，分别占比约 3.41%；河南省有 12 份，占比约 2.92%；辽宁省有 11 份，占比约 2.68%；云南省有 8 份，占比约 1.95%；甘肃省、吉林省、陕西省各有 6 份，分别占比约 1.46%；上海市有 3 份，占比约 0.72%；海南省、内蒙古自治区、山西省、重庆市各有 1 份，分别占比约 0.24%。可见，环境刑事案件裁判中运用环境修复措施的案件地域分布较广，本书案件的选取具有广泛性和代表性，且各地的案件呈现不均衡的样态。其中位居前十位的省（自治区）为湖南、四川、贵州、安徽、广西、江西、湖北、黑龙江、福建、山东，占总量的 75.91%，占比较大，其余 14 个省（自治区、直辖市）占比较小。

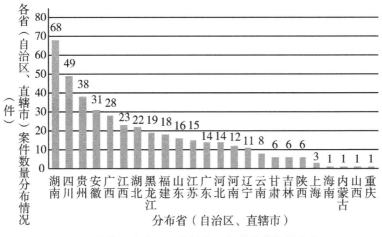

图 1　各省（自治区、直辖市）相关案件数量分布

2. 案件罪名分布情况

在 411 份裁判文书中，所涉及的罪名共计 11 个，罪名分布广而不均衡，排在前 6 名的罪名分别为非法捕捞水产品罪、滥伐林木罪、非法采矿罪、非法狩猎罪、非法占用农用地罪、污染环境罪，共计 386 件，总计占比 93.92%。其中非法捕捞水产品罪中运用了

环境修复措施的案件高达 192 件，其次是滥伐林木罪 58 件，可见，在环境刑事司法实践中，环境修复的措施主要集中适用在非法捕捞水产品犯罪等侵害环境资源类犯罪中，其原因在于该类犯罪入罪标准相对容易量化，案件基数较大，其所适用环境修复的措施主要是增殖放流、补种复绿等，该类措施具有较强的操作性、便于后续执行、易于监督验收等特点。而所涉的罪名分布广而不均衡，表明环境修复措施在环境刑事司法实践中得到了推广和运用，但因为案件类型的特殊性，运用环境修复性措施的程度有所不同，具体的案件罪名分布情况如图 2 所示。

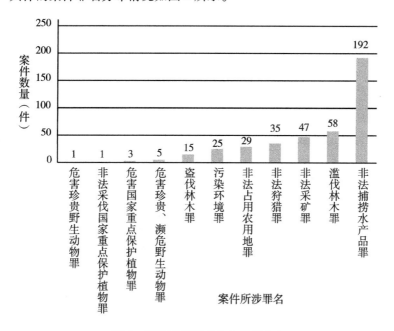

图 2　相关案件罪名分布情况分布

3. 案件刑罚情况

（1）犯罪主体。为考察环境刑事案件裁判中运用环境修复措施的案件被告人主体的构成情况，本书对案件的被告人进行了统

计，犯罪主体构成情况如图 3 所示。在 411 份裁判文书中，共有被
告 722 人，其中单位被告 9 个，自然人被告 713 人，自然人被告占
比高达 99%，占据了压倒性的比重，这也表明，过去很长一段时
间公众和媒体认为环境犯罪的主体为企业可能系一种误解，司法
实践中，进入诉讼程序的环境犯罪主体仍然以自然人为主，当然
这也不排除因污染型的环境犯罪具有较长的潜伏期、获取证据的
难度大、受害人对环境危害的认识不足、地方政府存在地方保护
主义而纵容了某些单位犯罪等因素，且单位犯罪主要以污染型环
境犯罪为主，存在一定"环境犯罪黑数"等，❶ 故一些单位因此规
避了法律的制裁，导致该类案件没有进入司法程序。

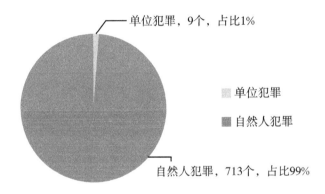

图 3　相关案件犯罪主体构成

（2）刑罚的分布。本书将 411 份裁判文书所适用的刑罚进行
了分类考察，各类刑罚的分布情况如图 4 所示。722 个被告人被判
处的刑罚分布情况为：免予刑事处罚 1 人，占比约 0. 14%；单处

---

❶ 犯罪黑数也被称为犯罪暗数、犯罪隐数或犯罪隐匿数，指已经实际发生而因种种
原因未被发现和未被纳入官方犯罪统计之中的那部分犯罪案件数。王震：《刑法
的宣示性：犯罪黑数给我们带来的思考》，载《烟台大学学报（哲学社会科学
版）》2015 年第 5 期，第 34 页。

罚金 54 人／个，占比约 7.48%；判处 1 年以下有期徒刑 496 人，占比约 68.7%；判处 1—3 年有期徒刑 159 人，占比约 22.02%；判处 3 年以上有期徒刑 12 人，占比约 1.66%。我国刑罚理论界一般将法定刑最低为 3 年以下有期徒刑的犯罪类型归为轻罪，3 年以上的归为重罪。❶ 在《刑法》第七十二条规定了缓刑的适用条件，首要条件是轻罪，按照此种分类，在 411 份裁判文书中，被判处 3 年以下刑罚的单位和自然人为 710 人／个，占 98.34%；被判处自由刑的有 668 个自然人，其中，被判处实刑的自然人有 227 人，占比约 34%，被判处缓刑的自然人有 441 人，占比约 66%，缓刑适用率较高。可见，在运用了环境修复措施的环境刑事犯罪案件中，被告人大都被判处了相对轻缓的刑罚，其所涉环境资源类犯罪多为轻罪。

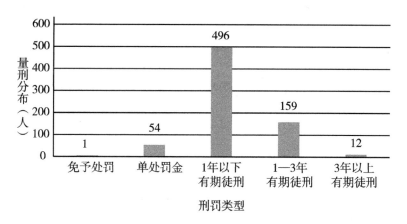

图4　相关案件刑罚类型及量刑分布

4. 刑事诉讼中的环境修复措施

在 411 份裁判文书中，环境刑事诉讼案件有 10 件，占比约 2.43%；环境刑事附带民事诉讼案件有 401 件，占比约 97.57%。

---

❶ 张明楷：《刑法学》，法律出版社 2016 年版，第 92 页。

可见，环境刑事司法实践中环境修复措施的运用主要以附带民事诉讼的形式体现，只有少量的刑事判决在其判决主文中直接运用了环境修复措施。那么，在环境刑事附带民事诉讼已经成为救济环境公益主要方式的情况下，在环境刑事诉讼中直接运用环境修复的措施是否还具有必要性？本书对在判决主文中直接运用了环境修复措施的 10 份裁判文书进行了梳理，具体情况如表 1 所示。

表 1　环境刑事诉讼中直接运用环境修复措施的案件信息汇总

序号	案号	裁判法院	被告人	罪名	判项中运用环境修复措施情况
1	（2021）闽0922 刑初47 号	福建省古田县人民法院	陈某某	非法占用农用地罪	被告人陈某某自愿缴纳的生态修复补偿金人民币 20 000 元，上缴国库
2	（2021）湘1081 刑初288 号	湖南省资兴市人民法院	何某某	非法捕捞水产品罪	被告人何某某自愿缴纳的环境生态修复资金人民币 3000 元上缴国库
3	（2021）川1526 刑初98 号	四川省珙县人民法院	黄某某	滥伐林木罪	责令被告人黄某某承担生态修复费用4702.56 元
4	（2021）闽0922 刑初23 号	福建省古田县人民法院	李某某	非法占用农用地罪	被告人李某某自愿缴纳的生态修复补偿金人民币 80 000 元，上缴国库
5	（2021）赣1024 刑初6 号	江西省崇仁县人民法院	林某某、徐某某、蔡某某	非法占用农用地罪	三被告人退缴的赃款及缴纳的生态资源修复费，上缴国库

续表

序号	案号	裁判法院	被告人	罪名	判项中运用环境修复措施情况
6	（2021）湘0381 刑初200 号	湖南省湘乡市人民法院	万某某	非法捕捞水产品罪	责令被告人万某某退赔棋梓镇新城村水府庙库区经济损失 1 628 元，用于修复渔业资源和生态环境
7	（2021）川1528 刑初164 号	四川省兴文县人民法院	万某某	滥伐林木罪	责令被告人万某某缴纳生态修复金 14 656.2 元
8	（2021）川1521 刑初11 号	四川省宜宾市叙州区人民法院	王某某	非法捕捞水产品罪	责令被告人王某某缴纳生态修复费用人民币 400 元
9	（2021）川1521 刑初64 号	四川省宜宾市叙州区人民法院	余某某	非法捕捞水产品罪	责令被告人余某某缴纳生态修复费用人民币 200 元
10	（2021）鄂1002 刑初9 号	湖北省荆州市沙市区人民法院	张某某、周某某、文某	非法捕捞水产品罪	被告人张某某、周某某、文某缴纳的生态修复款人民币 2 732 元依法由荆州市泥港湖渔场用于生态修复

表 1 中共有 10 个案件的裁判文书在判决的主文中体现了环境修复的内容，但仔细梳理后发现，案件 1、案件 2、案件 4、案件 5、案件 10 虽然在其判决主文中体现了环境修复的内容，但仅是明确被告

人缴纳的环境修复费用的用途，并不是刑罚意义上的环境修复措施，只有案件3、案件6、案件7、案件8、案件9中的环境修复措施才体现了被告人的环境修复责任，是刑罚意义上的环境修复措施。

为了进一步考察环境刑事附带民事诉讼中环境修复措施运用与环境刑事诉讼中的特点，本书在401件环境刑事附带民事诉讼判决中，选取了10份具有代表性的裁判文书进行研究，如表2所示。

表2　环境刑事附带民事诉讼中运用环境修复措施的案件信息汇总

序号	案号	裁判法院	被告人	罪名	判项中运用环境修复措施情况
1	（2021）鄂1321刑初168号	湖北省随县人民法院	易某某	盗伐林木罪	被告人易某某自判决生效之日起一年内采取修复措施，完成造林数量，达到成林标准，若逾期未履行修复义务，则应承担修复费用35 405元
2	（2021）湘0981刑初154号	湖南省沅江市人民法院	程某某	非法捕捞水产品罪	责令被告人程某某修复渔业资源和水域生态环境，向捕捞水域增殖放流原、良种鲢鱼、鳙鱼等四大家鱼527.7千克（折合人民币3 166.2元，限于本判决生效后三十日内履行）

续表

序号	案号	裁判法院	被告人	罪名	判项中运用环境修复措施情况
3	（2021）冀0682 刑初44 号	河北省定州市人民法院	郭某	非法采矿罪	责令附带民事公益诉讼被告郭某在判决书生效之日起三个月内对被毁坏的土地进行修复；逾期不能修复，则承担被毁坏的土地修复治理费用人民币165 978.52 元，限履行期限届满之日起十日内缴纳
4	（2021）冀0591 刑初22 号	河北省邢台经济开发区人民法院	路某某	非法采矿罪	被告人路某某对非法开采砂石形成的坑自行修复，恢复原状；如不能恢复原状，则赔偿生态修复费用160 321元
5	（2021）川1922 刑初222 号	四川省南江县人民法院	孙某某、李某某	滥伐林木罪	责令被告人孙某某、李某某共同承担生态修复费用人民币22 880元
6	（2021）桂0125 刑初157 号	广西壮族自治区上林县人民法院	梁某某	滥伐林木罪	被告梁某某于本判决生效之日起三十日内向上林县人民检察院支付赔偿金13 867.5 元、生态修复费用4 545.25元，上述款项上缴国库

续表

序号	案号	裁判法院	被告人	罪名	判项中运用环境修复措施情况
7	（2021）川1423刑初257号	四川省洪雅县人民法院	刘某某	滥伐林木罪	由附带民事公益诉讼被告刘某某在判决生效后按照生态修复方案补种1 056株树木，并负责养护成材
8	（2021）鲁0113刑初68号	山东省济南市长清区人民法院	唐某	非法采矿罪	责令附带民事公益诉讼被告唐某于判决生效14天内按照济南市长清区自然资源局出具的长清区某社区破损山体地质环境恢复治理设计方案进行修复；如到期未按要求进行修复，应承担修复费用209 645.37元
9	（2021）黑1084刑初117号	黑龙江省宁安市人民法院	王某某	非法占用农用地罪	责令被告人王某某于本判决发生法律效力之日起十五日内赔偿生态修复费用4 240元，上缴国库
10	（2021）冀1026刑初119号	河北省文安县人民法院	杨某某	污染环境罪	责令附带民事诉讼被告人杨某某缴纳生态环境修复费用合计人民币66 760元（于判决生效后十日内缴纳）

本书对表 1 和表 2 中的环境修复措施进行了对比，发现环境刑事诉讼和环境刑事附带民事诉讼虽然是两种性质不同的诉讼类型，但两种诉讼中所运用的环境修复措施有相同或相似之处，如判项中均出现了"责令被告人×××赔偿生态修复费用"等内容，可见，司法实践中，环境刑事诉讼和环境刑事附带民事诉讼中的环境修复措施虽然性质不同，但却存在相同或相似的表现形式。

（二）环境修复措施的表现形式

为全面贯彻党和国家关于保护环境以及修复生态环境的政策与法律，近年来，全国各级法院在环境刑事司法实践中积极开展修复性的司法活动，在司法实践中呈现出了形式多样的环境修复方式。主要包括以下两个类别：一是货币性的方式，该方式是犯罪人向司法或者行政管理相关部门缴纳相应的金额，用于环境的修复；二是行为方式，该方式下犯罪人自行或委托第三方实施环境修复的行为，该修复行为须在司法和行政部门的监控之下实施。

1. 货币形式

环境修复的货币承担方式主要存在以下几种类型：第一类：主刑＋附加刑。这是最主要的判决承担环境修复货币责任的形式，通常是在判处主要刑罚的同时，对被告人判处承担一定罚金作为附加刑，并判处缴纳相应的环境修复费用。例如，曹某某滥伐林木罪一案。❶ 第二类：直接判处被告人承担环境修复费用。该类案件法院直接在刑事判决中判决被告人承担环境修复费用。例如，

---

❶ "被告人曹某某犯滥伐林木罪，判处有期徒刑六个月，缓刑一年，并处罚金人民币 3000 元；被告人曹某某承担生态修复费用 3 340 元。"详见湖南省双峰县人民法院（2021）湘 1321 刑初 317 号判决书。

余某某非法捕捞水产品罪一案。❶ 第三类：判处由被告人承担处置环境污染的相应费用。例如，肖某某污染环境罪一案中，❷ 在刑事附带民事诉讼判决书中，法院判决被告人同时承担两种费用，一是环境修复相关费用，二是环境损害的相关费用。

2. 行为方式

环境修复的行为方式多样化，包括补植（种）复绿、修复生态环境、土壤修复、增殖放流、环保公益或劳务代偿等形式。第一种形式：补植（种）复绿。这种环境修复的方式主要运用于盗伐滥伐林木罪、失火罪、故意毁坏林木罪中。这种环境修复的责任方式操作性比较强，在环境刑事司法实践中运用得最早也最广泛。例如，徐某某盗伐林木罪一案。❸ 第二种形式：修复受损的生态环境。在刑事判决书中，法院直接判处被告人承担相应的环境修复责任，如广汉市人民法院审理的黄某某污染环境罪一案。❹ 第三种形式：土壤修复。该类型案件主要是在土壤环境污染案件中，

---

❶ "被告人余某某犯非法捕捞水产品罪，判处拘役四个月，缓刑六个月，责令被告人余某某缴纳生态修复费用人民币二百元。"详见湖北省荆州市沙市区人民法院（2021）鄂1002刑初9号判决书。

❷ "被告人肖某某犯污染环境罪，判处有期徒刑六个月，并处罚金人民币5000元；被告人肖某某应于本判决生效之日起五日内赔偿环境损害及修复费用共计人民币22100元。"详见福建省厦门市同安区人民法院（2021）闽0212刑初42号。

❸ "被告人徐某某犯盗伐林木罪，判处有期徒刑六个月，缓刑一年，并处罚金人民币五千元；责令附带民事公益诉讼被告人徐某某于2021年春季，在桓仁满族自治县小班内补种红松苗木130株，补种面积为2.3亩，确定当年栽植成活率达到90%以上，三年后保存率达到85%以上，以桓仁满族自治县自然资源局验收合格为准；如不能实现上述补种目标，则承担生态修复费用人民币一千四百七十八元一角。"详见辽宁省本溪市平山区人民法院（2021）辽0502刑初28号。

❹ "被告人张某某犯污染环境罪，判处有期徒刑一年，并处罚金人民币一万元；责令被告人张某某于本判决生效后一个月内清除现场遗留的一般固体废物和危险废物，消除危险，如未能在限期内予以清除的，应承担清除污染费用87.9万元；三个月内对现场进行生态环境修复，如未能在限期内予以修复的，应承担修复生态环境费用50万元。"详见湖北省枣阳市人民法院（2021）鄂0683刑初125号判决书。

判处被告人对土地进行复垦，或者是将土地恢复原状。如李某某污染环境一案。❶ 第四种形式：增殖放流。主要是适用在非法捕捞野生动物等环境犯罪案件中，在判决中判处被告人采取购买鱼、虾苗等苗种，投入相应的水域之中来增加物种的丰富性，以实现修复生态环境的目的。例如，在乐山市中区人民法院审理的胡发银非法捕捞水产品一案中，❷ 法院除判处被告人相应刑罚外，还同时判处责令被告人胡发银在判决生效后的一定时期内，采取恢复补偿方式购买价值390元的鱼苗进行增殖放流，即在临江镇跃进村"文昌庙"水域投放全磷鲤鱼163尾（100克/尾）。第五种形式：环保公益劳动或劳务代偿。在被告人经济能力有限的情况下，法院判决被告人提供一定时长的环保公益劳动，以抵偿相应的环境修复费用。例如，在欧某某非法捕捞水产品罪一案中，❸ 被告人除被判处相应的刑罚外，还被判处"提供不低于十五日的环境公益劳务，以抵偿其应支付的环境损害修复费用"。环保公益劳动或劳务代偿的方式，通过判处被告人参与环境公益劳动，还可以使被告人能直接体会修复环境的不容易，增强其责任感，提高其环保意识，而且这也是罪责自负司法理念的具体体现。

---

❶ "如皋市人民法院2018年8月15日以污染环境罪判处被告人李某某有期徒刑一年六个月，并处罚金人民币25 000元，以污染环境罪判处被告人杨某某有期徒刑一年六个月，缓刑二年，并处罚金人民币25 000元，判处李某某、杨某某二人于判决生效后两个月内对被污染的土壤承担环境修复责任。"详见如皋市人民法院（2018）苏0682刑初261号刑事判决书。

❷ "乐山市中区人民法院判处胡发银拘役一个月，缓刑二个月，同时责令被告人胡发银在判决生效之后十日内采取恢复补偿方式购买价值390元的鱼苗进行增殖放流，即在临江镇跃进村'文昌庙'水域投放全磷鲤鱼163尾（100克/尾）"详见乐山市中区人民法院（2019）川1102刑初136号刑事判决书。

❸ 湖南省麻阳苗族自治县人民法院（2021）湘1226刑初75号刑事判决书。

第二节　刑罚中环境修复措施运用的现实意义

在环境刑事司法实践的过程中，如何既能够实现被害人与加害人利益的均衡，又能够对受损的环境进行修复，这是当前环境刑事司法中面临的一个重大难题。环境修复措施在环境刑事司法实践中的运用对于平衡各方当事人的利益，修复受损环境具有重要现实意义，主要体现在以下四个方面：促进环境有效修复、符合宽严相济的刑罚政策、最大限度地挽救被告人、强化环境责任体系。

一、促进环境有效修复

在环境犯罪中，受到污染或者损害的环境应该被修复，并尽量将环境犯罪造成的损失降到最低。[1] 因为环境损害具有不可逆性，对待环境犯罪除了对被告人进行刑事惩罚，更应该关注环境损害的修复，这体现了一种新的环境犯罪治理的结果导向。[2] 在这种精神的指导之下，环境修复的效果成为检验刑法作用的重要标准，也成为环境刑罚的一项重要使命。

2016 年 5 月，最高法出台了《关于充分发挥审判职能作用为

---

[1]　高铭暄、郭玮：《论环境犯罪附加刑的目的、价值与完善》，载《甘肃社会科学》2021 年第 1 期，第 93 - 99 页。

[2]　2013 年中国共产党第十八届中央委员会第三次全体会议通过的《关于全面深化改革若干重大问题的决定》对环境犯罪体系和效果提出了新的要求，即环境犯罪不仅要对犯罪人进行惩治，更要尽可能修复被损害的环境，这体现了一种新的环境犯罪治理的结果导向。

推进生态文明建设与绿色发展提供司法服务和保障的意见》，❶ 要求以全新的发展理念对环境资源审判工作进行统筹推进。此后，以生态环境修复为中心，贯彻落实新的损害赔偿救济制度，统筹适用刑事责任、民事责任和行政责任，实现生态环境最大化修复，在环境刑事司法过程中重视建立环境修复机制成为常态化的工作方式。❷ 2016 年 11 月，最高法和最高检以司法解释❸的形式将污染环境后积极对环境进行修复的行为作为从宽处罚的条件，即被告人积极履行环境修复的责任被明确当作从宽处罚的情节。2018 年，最高检也发出通知，提出要建立与环境刑事案件相适应的新的工作机制。❹ 自此之后，在我国的环境刑事司法实践中，普遍遵循了以司法手段修复受损环境的政策精神。各级法院发布的案例及政策文件、司法实践中的探索，在环境损害救济的案件中，都遵循了以环境修复为目标的路径，环境修复措施被应用于环境刑事司法中。

我国现行的环境刑事立法主要以自由刑为主，而且大多数针

---

❶ "以新发展理念统筹推进环境资源审判工作"，"落实以生态环境修复为中心的损害救济制度，统筹适用刑事、民事、行政责任，最大限度修复生态环境。"详见最高人民法院《关于充分发挥审判职能作用为推进生态文明建设与绿色发展提供司法服务和保障的意见》（法发〔2016〕12 号）。

❷ 胡卫：《环境侵权中修复责任的适用研究》，法律出版社 2017 年版，第 139 页。

❸ 最高人民法院、最高人民检察院《关于办理环境污染刑事案件适用法律若干问题的解释》（2017 年 1 月 1 日起施行）第五条规定："实施刑法第三百三十八条、第三百三十九条规定的行为，刚达到应当追究刑事责任的标准，但行为人及时采取措施，防止损失扩大、消除污染，全部赔偿损失，积极修复生态环境，且系初犯，确有悔罪表现的，可以认定为情节轻微，不起诉或者免予刑事处罚；确有必要判处刑罚的，应当从宽处罚。"

❹ "提出要探索符合现代法治的生态修复方式，建立与现代法治相适应的生态环境刑事案件修复工作机制。"《关于充分发挥检察职能作用助力打好污染防治攻坚战的通知》，载最高人民检察院官网，https://www.sohu.com/a/243657735_118060，访问日期：2021 年 1 月 28 日。

对的是对结果犯的惩治，环境修复措施的配套则相对欠缺，这主要是忽视了环境犯罪的特殊性，对惩治环境犯罪的目标和实效性缺乏认识，其造成的结果是犯罪行为人虽然受到了严厉的惩罚，但环境依然没有得到修复。环境修复措施在环境刑事司法中的运用，使犯罪行为人在接受刑罚惩治的同时，也能兼顾对环境的修复，更加有利于生态环境的保护。

二、符合宽严相济的刑罚政策

2006 年在中共十六届六中全会上通过了《决定》，正式提出了实施宽严相济的刑事政策，其目的在于打击严重刑事犯罪的同时，贯彻好"教育、感化、挽救"的方针，最大化地减少社会的对立因素，促进社会和谐稳定。❶ 至此，宽严相济的刑事政策正式被确认。马克昌教授对宽严相济刑事政策的基本内容进行了简练的概括"该严则严，当宽则宽；严中有宽，宽中有严；宽严有度，宽严审时"。❷

宽严相济的刑事政策对于推进刑罚制度的改革，对于构建社会主义和谐社会具有积极的促进作用，宽严相济的实现，要从观念、执法和立法上去着力。❸ 我国当前的刑罚种类包括管制、拘役、有期徒刑、无期徒刑、死刑 5 种主刑和罚金、剥夺政治权利、没收财产、驱逐出境等 4 种附加刑，自由刑仍然是当前最主要的刑罚种类。从整体上来看，我国现行的刑罚种类和刑罚制度大体上

❶ 参见《中共中央关于构建社会主义和谐社会若干重大问题的决定》（中发〔2006〕19 号），2006 年 10 月 11 日中国共产党第十六届中央委员会第六次会议通过。载中华人民共和国中央人民政府网，http://www.gov.cn/govweb/gongbao/content/2006/content_453176.htm，访问日期：2022 年 11 月 21 日。
❷ 马克昌：《宽严相济刑事政策研究》，清华大学出版社 2012 年版，第 75 页。
❸ 刘仁文：《宽严相济的刑事政策研究》，载《当代法学》2008 年第 1 期，第 24 - 31 页。

能够符合刑事法治的基本要求，然而在一些刑罚的种类配置，以及刑罚制度设置方面，依然需要以宽严相济的刑事政策精神为指导，来进行相应的调整，使刑罚的种类和制度更具合理性、更趋人性化。刑罚手段作为一种有限的社会资源，应当用来打击那些严重影响社会基本秩序的犯罪。[1]

环境犯罪作为一种特殊类型的刑事犯罪，具有衍生性的特点，犯罪行为人在犯罪的主观上通常是间接故意或者是过失，单纯依靠刑罚的手段打击环境犯罪，并不能从根本上解决环境犯罪问题，甚至会对经济造成阻碍。严厉的刑罚并不是惩治环境犯罪的有效手段，而环境修复措施在刑事司法中的运用，实质上是让犯罪行为人通过修复环境的方式，减少犯罪对环境的影响，降低犯罪行为人的刑罚量刑，以顺应宽严相济的刑罚趋势。

长期以来，为了实现经济总量快速增长的目标，我国某些地区采取了粗放型的经济发展模式，这种模式对环境造成了严重的污染与极大的破坏，并且产生了不可估量的损失。因此，追究污染者的责任，修复受损环境，防止环境进一步恶化成为当务之急。对于环境污染而言，其追究污染者责任的最终目的并不是惩罚犯罪，而是对受损环境进行修复，与其花费大量的刑罚资源去惩罚犯罪，不如将主要的精力放在环境修复上，对犯罪的惩罚实行"宽"的刑事政策，对其尽量判处宽缓的刑罚，让犯罪行为人有机会去弥补由其造成的损失，让犯罪行为人不至于因为被判处监禁刑，被限制人身自由，而难以实现对环境的修复；对于环境的修复实行"严"的标准，即制定严格的环境修复实施标准和检验标准，让犯罪行为人时刻紧绷对环境修复负责的这根弦，使宽严相

---

[1]　赵秉志：《和谐社会构建与宽严相济刑事政策的贯彻》，载《吉林大学社会科学学报》2008 年第 1 期，第 5－21 页。

济刑事政策在环境修复的过程中得到真正的落实和运用。

三、最大限度地挽救犯罪行为人

环境修复措施的运用，有助于提高对犯罪行为人判处"非监禁"刑罚的概率，避免对犯罪行为人造成"监狱化"。"对必须予以监禁的，则加强假释、赦免等措施的运用，因为服刑期限越长，抗拒心理越重，越不利于其社会化"。❶ 通常只在迫不得已的情况下才动用必要刑罚，将刑罚作为惩罚犯罪的最后手段，避免因为对犯罪行为人判处刑罚而使其被烙上"罪犯"的标签，也避免犯罪行为人因为被监禁受到其他罪犯的不良影响。有学者对监禁刑的弊端做了一针见血的评述："监狱，这一与犯罪斗争的主要工具反而成了重新犯罪的学校。"❷ 欧美国家的刑法威慑理论也认为刑罚的严厉性并不能遏制犯罪的增长，刑罚的确定性相较于刑罚的严厉性而言，对潜在犯罪的威慑力会更大。❸ 人们也逐渐意识到严刑峻法已不是解决犯罪的最佳途径，重视对犯罪行为人的改造，使其再社会化，才是解决犯罪的良策。

与严重的暴力性犯罪相比，环境犯罪的人身危险性和社会危害性相对较小，对犯罪行为人判处相对轻缓的刑罚，让犯罪行为人可以用自身的行动对损害的环境进行修复，可以避免犯罪行为人因为被羁押而被标签化，有利于犯罪行为人回归社会。环境修复措施在刑事司法中的运用，为犯罪行为人提供赎罪的机会，在完成环境修复的同时，也减轻了相应的刑罚，更加有利于挽救犯

---

❶ 陈晓明：《修复性司法的理论与实践》，法律出版社 2006 年版，第 59 页。
❷ 马克昌：《近代西方刑法学说史略》，中国检察出版社 1996 年版，第 324 页。
❸ 赵秉志：《当代中国死刑改革争议问题论要》，载《法律科学（西北政法大学学报）》2014 年第 1 期，第 146–154 页。

罪行为人。环境修复措施的运用，可以实现这样一种理想的状态，环境修复的措施能够使事态恢复正常，犯罪行为人应该通过物质、经济或行为等方式，尽可能地修复犯罪造成的影响。在参与解决问题的过程中不仅弥补了被害人的损失，同时也使犯罪行为人学会以正面和积极、合作的心态来对待社会，顺应了社会的发展，而不是与其背道而驰，可以避免犯罪行为人因受排挤被边缘化而重新走上犯罪道路。

四、强化环境刑事责任体系

所谓环境责任是指在维护环境整体利益的过程中，根据每个人所处的不同地位，所应承担的不同责任，环境责任一般被分为两种：一种是传统环境责任，另一种是现代环境责任。[1] 传统环境刑事责任以污染者负担原则作为理论基础，这一原则又被称为污染者付费原则，这一原则最初是由联合国经济合作与发展组织环境委员会提出的，之后在国际上获得了广泛的认同。著名的澳大利亚学者皮特·凯恩将现代环境责任分为预期责任和过去责任两种类型，所谓预期责任是一种面向未来的责任，目的在于防止因为不作为造成未来损害的责任；过去责任是针对过去的行为和事件所承担的责任。现代环境法被认为更加注重建设性和预防性，更加符合现代环境保护的要求。

在新的时代背景之下，环境修复已被认为是环境治理现代化的重要内容，[2] 在刑法中增设环境修复责任，有利于推进环境法治

---

[1] 王波、郜峰：《雾霾环境责任立法创新研究——基于现代环境责任的视角》，载《中国软科学》2015 年第 3 期，第 1-8 页。

[2] 刘超：《环境修复审视下我国环境法律责任形式之利弊检讨——基于条文解析与判例研读》，载《中国地质大学学报（社会科学版）》2016 年第 2 期，第 1-13 页。

的现代化。❶ 与传统环境责任相比，现代环境责任具有以下三个特征：一是责任具有社会性。对于环境责任的主体而言，环境责任是一种社会责任，是因为对社会整体环境利益造成损害所要承担的修复责任，现代环境责任表现为一种社会性，这种责任追求的是整体性的社会环境利益，而不是对个别人的损害填补或者损害赔偿。二是责任的社会角色特征明显。现代环境责任要求环境的规制机构和被规制对象、环境损害事件中的受害人、社会公众都要根据自身的角色承担相应的责任，并且每个主体会因为其地位和财力等不同而承担的责任也不同，每个主体承担各自相应的责任，形成具有现代性的环境责任体系。三是责任具有二元性质。传统的环境责任具有一元性特征，其更加注重过去责任的构建，即对于已经造成的环境损害后果，主张通过事后的纠纷解决机制来填补，是一种事后的责任体系，其目的在于对犯罪分子实施惩罚，以实现社会的公平正义。与之不同的是，现代环境责任由预期责任和过去责任共同构成，是一种二元性的责任结构体系，其目的在于构建理想的社会秩序。过去责任是因为过去没有履行相应的义务而应该受到惩罚的责任，预期责任是面向未来的责任，通过采取积极的应对措施，对犯罪人进行矫治，以预防其在将来犯罪，避免不利后果的产生。

对于环境犯罪而言，运用刑罚的强制性措施，对于已经被破坏的环境，已经无意义或者收效甚微。例如，在破坏森林资源犯罪中，过去的司法实践中主要以判处自由刑、实刑为主，或者附带判处相应的罚金，然而这样的判决对于已经被破坏的森林资源而言并没有起到修复的作用，给人们的直观感知仍是因森林资源

---

❶ 周峨春、郭子麟：《从司法先行到罪刑法定：环境修复在刑法中的确立和展开》，载《中南林业科技大学学报（社会科学版）》2022 年第 1 期，第 72 - 79 页。

被破坏导致水土流失形成的荒山一片，林权所有人的权利没有得到有效救济、环境的加害人难以回归社会、被损坏的森林也没有得到有效修复。这样的判决被认为是一判三输的判决，法律效果和社会效果没有实现有机统一。一方面是因为刑法中关于环境犯罪的刑事责任方式的规定过于单一，另一方面也是因为人们对于环境资源的价值存在认识上的误区，只看到环境的经济价值，没有看到其生态价值。可见，对于环境犯罪，如果只是对环境犯罪行为人判处相应的刑罚，是无法对被破坏的环境进行修复的，如果在刑罚的基础上判处相应的经济赔偿金，虽然在一定程度上可以补偿环境的经济价值，但是对于环境的生态价值仍难以补偿、难以修复。[1]

　　环境犯罪被认为侵害了社会公众所享有的生态公共利益，应该通过公法的手段预防、修复和救济。[2] 在刑事司法中判处被告人承担环境修复责任，适用环境修复措施对环境进行修复，弥补了过去只注重惩罚犯罪，忽视受损生态环境修复的不足和缺陷。在对环境犯罪判处相应刑罚的基础上，适用环境修复措施的刑事判决，被认为是一判三赢的判决，加害人对环境进行修复，得以回归社会，受害人得到相应的经济补偿，生态环境通过环境修复措施的实施能够得到快速的修整和改善，促进了生态环境与社会环境和谐发展。同时，环境修复是实现环境损害救济的最佳方式，环境修复责任是一种有别于传统的新型环境责任。[3] 环境修复措施

---

[1] 张继钢：《风险社会下环境犯罪研究》，中国检察出版社 2019 年版，第 229 页。

[2] 柯坚、朱虹：《我国环境污染侵权责任的协调和拓展——以民法学与环境法学的沟通为视角》，载《西安交通大学学报（社会科学版）》2011 年第 5 期，第 99 - 104 页。

[3] 康京涛：《生态修复责任：一种新型的环境责任形式》，载《青海社会科学》2017 年第 4 期，第 49 - 56 页。

的运用，实现了法律效果、社会效果与生态效果的统一，改变了以往一元化的环境刑事责任体制，为新的环境刑事责任提供了新的理论依据，使环境刑事责任体系由一元的惩罚体系转向惩罚与预防并重的二元体系，强化了环境责任的体系结构。

第二章

刑罚中环境修复措施运用的困境及挑战

第一节　刑罚中环境修复措施运用的法律定性不准确

　　对刑事被告人判处修复环境的目的是使受损的环境得到修复，既让被告人承担破坏环境的法律后果，又使环境公益得到救济。2018 年，最高人民法院、最高人民检察院颁布的《关于检察公益诉讼案件适用法律若干问题的解释》明确了检察机关提起环境刑事附带民事公益诉讼的主体地位，刑事附带民事公益诉讼制度得到了快速的发展，刑事附带民事公益诉讼成为救济环境公益的主要方式，以刑事判决附带性地判处被告人承担环境修复责任的方式已经成为司法实践中处理破坏环境资源犯罪案件的常态化模式。❶

---

❶　梁云宝：《民法典绿色原则视域下"修复生态环境"的刑法定位》，载《中国刑事法杂志》2020 年第 6 期，第 20－38 页。

对于在刑事附带民事判决中判处被告人承担环境修复责任的司法
实践所取得的良好政治效果和社会效果，学者给予了高度的肯
定。[1] 但是对于在刑事判决中直接判处被告人承担环境修复的责
任，则存在诸多异议，主要表现为以下三个方面。

一、认定为"刑事责任"的困惑

在刑事判决中，是否可以把法院直接判处被告人承担的环境
修复责任定性为刑事责任呢？依据我国现行刑法的规定，主刑和
附加刑[2]是主要的刑罚方式，破坏环境资源保护罪实行以自由刑并
处罚金为主、以单处罚金为辅的刑罚配置模式。有学者认为在刑
事判决中直接运用环境修复措施违反了罪刑法定原则，因为依据
我国现行《刑法》的规定，5类主刑和4类附加刑均没有包括环境
修复的措施，即环境修复措施均不属于主刑和附加刑的范畴，"法
源依据不明确"或者"没有直接的法律依据"被认为是在刑事判
决中直接适用环境修复措施的最大困境。[3] 也有学者认为，在刑事
判决中直接运用环境修复措施并没有违反罪刑法定的原则，因为
我国《刑法》第三十六条和第三十七条规定了"赔偿经济损失"
等非刑罚性处置措施，实际上蕴含了权益修复的内容，即使是在
没有人提起刑事附带民事诉讼的情况下，由法院直接判决被告人
承担环境修复的责任也并不违背罪刑法定的原则。[4] 然而，与一般

---

[1] 蒋兰香：《生态修复的刑事判决样态研究》，载《政治与法律》2018年第5期，
第134–147页。
[2] 刑罚种类包括管制、拘役、有期徒刑、无期徒刑、死刑等五种主刑和罚金、剥夺
政治权利、没收财产、驱逐出境等四种附加刑。
[3] 毋郁东：《恢复性司法视野下的环境刑事司法问题研究——以古田县法院"补种复
绿"生态补偿机制为例》，载《福建警察学院学报》2016年第4期，第24–33页。
[4] 蒋兰香：《生态修复的刑事判决样态研究》，载《政治与法律》2018年第5期，
第134–147页。

的经济性利益相比，生态环境利益具有其特殊性，两者性质不能等同视之，因犯罪行为造成的经济利益损失与环境利益损失也应该区别开来，因此，有学者认为采取环境修复措施对环境进行修复并不能与刑法规定的赔偿经济损失相等同。❶ 刑事司法实践中的环境修复措施形式也较为多元化，常见的包括补植（种）复绿、土壤修复、增殖放流、护林护鸟、退矿（耕）还林、赔偿或缴纳生态损害赔偿金、第三方代履行、环保公益劳动等，显然赔偿经济损失并不能完全涵盖所有环境修复措施的内容，现行刑法中的"赔偿经济损失"并不可以想当然地将具有权益修复功能的责任形式包含在内，或许存在重合性，但并不是完全包含的关系，因此，环境修复措施并不可以想当然地认定为现行刑法规定的"赔偿经济损失"等非刑罚性处置措施。

刑法的根基在于保障公民的自由和权利，刑法应该将罪刑法定主义作为其信仰，而刑罚的滥用会动摇刑法的根基和信仰，❷ 国家的刑罚权不能够超越法律的限度，应严格遵循罪刑法定的原则。罪刑法定主义学说的首倡者孟德斯鸠认为，国家的刑罚权应该要有边界，国家刑罚权的发动应该要受制于法律，❸ 国家不可以随意发动刑罚权，法官需要严格依据法律裁判，简而言之，对于犯罪的界定、所要科处的刑罚种类，都需要有事先明确的法律规定，而作为"法律的代言者"，法官需要严格依据法律定罪和量刑，并且需要遵循相应的法定程序。

---

❶ 宁清同：《刑事生态修复责任初论》，载《深圳社会科学》2022 年第 1 期，第 96－125 页。

❷ 刘艳红：《刑法的根基与信仰》，载《法制与社会发展》（双月刊）2021 年第 2 期，第 150－170 页。

❸ ［法］孟德斯鸠：《论法的精神（上卷）》，许明龙译，商务印书馆 2009 年版，第 224 页。

刑事领域的法治原则是罪刑法定，罪刑法定原则是法治国家刑法的最根本准则。❶ 我国 1997 年修订的《刑法》第三条❷给出了"罪刑法定"的含义，罪刑法定原则所蕴含的基本含义是"法无明文规定不为罪，法无明文规定不处罚"❸。前半句指的是犯罪的法定性，后半句指的是刑罚的法定性，可见，罪刑法定原则不仅指犯罪法定性，还指刑罚法定性，两者是统一的。本书认为，我国现行《刑法》中并没有明确将环境修复作为一种刑罚措施，法院在没有人提起刑事附带民事诉讼的情况下，直接判决被告人承担环境修复责任显然违背了罪刑法定的原则，如将其定性为刑事责任，显然违反了《刑法》的现行规定。因为，纵使存在其他非刑事法律的规定，也不能直接在环境刑事判决中适用环境修复的措施，作为一种严厉的犯罪后果，必须要有明确的刑法规定作为依据。❹

二、认定为"行政责任"的困惑

是否可以把在刑事判决中直接判处被告人承担环境修复的责任认定为行政责任？所谓行政责任，是指行政机关为了有效实施行政管理职能，维护公共利益和社会秩序，而对违反了行政法规

---

❶ 梁根林：《罪刑法定原则：挑战、重申与重述——刑事影响力案件引发的思考与检讨》，载《清华法学》2019 年第 6 期，第 61－87 页。

❷ 《刑法》（1997 年修订）第三条规定："法律明文规定为犯罪行为的，依照法律定罪处刑；法律没有明文规定为犯罪行为的，不得定罪处刑。"

❸ 陈兴良：《罪刑法定的价值内容和司法适用》，载《人民检察》2018 年第 21 期，第 28－34 页。

❹ 程红、王永浩：《刑法视野中的生态补偿：现实图景与困境突围》，载《江西社会科学》2020 年第 4 期，第 157－165 页、第 256 页。

定义务的行政相对人科处一定的制裁或者惩罚。❶ 所谓行政处罚，是行政机关为避免行政相对人日后再犯，依法对其违背行政法律规范，但尚没有构成犯罪的行为，科处人身、财产以及名誉上的，或者其他形式的法律制裁行为，❷ 其目的在于对合法权益的保护。依据《行政处罚法》第九条❸的规定，行政处罚的种类共分为6 种，"责令停产停业、责令关闭"是其中一种典型的行政处罚类型。环境刑事司法实践中，有相当数量刑事裁判书中发现"责令"型环境修复措施带有浓厚行政色彩，本书选取了其中部分裁判文书进行考察，详情如表 3 所示。

表 3　典型的"责令"型环境修复措施的判决样态信息汇总

序号	案号	裁判法院	罪名	判决书类型	环境修复措施
1	（2021）湘0381 刑初200 号	湖南省湘乡市人民法院	非法捕捞水产品罪	刑事判决书	责令被告人万某某退赔棋梓镇新城村水府庙库区经济损失 1 628 元，用于修复渔业资源和生态环境

---

❶ 黎宏：《民事责任、行政责任与刑事责任适用之司法困惑与解决》，载《人民检察》2016 年第 2 期，第 12 - 18 页。

❷ 姜明安：《行政法与行政诉讼法》，北京大学出版社、高等教育出版社 2018 年版，第 263 页。

❸ 《行政处罚法》（2021 年修订）第九条规定的行政处罚的种类包括：（一）警告、通报批评；（二）罚款、没收违法所得、没收非法财物；（三）暂扣许可证件、降低资质等级、吊销许可证件；（四）限制开展生产经营活动、责令停产停业、责令关闭、限制从业；（五）行政拘留；（六）法律、行政法规规定的其他行政处罚。

续表

序号	案号	裁判法院	罪名	判决书类型	环境修复措施
2	（2021）川1528刑初164号	四川省兴文县人民法院	滥伐林木罪	刑事判决书	责令被告人万某某缴纳生态修复金14 656.2元（已缴纳）
3	（2021）川1521刑初11号	四川省宜宾市叙州区人民法院	非法捕捞水产品罪	刑事判决书	责令被告人王某某缴纳生态修复费用人民币400元（已缴纳）
4	（2021）川1521刑初64号	四川省宜宾市叙州区人民法院	非法捕捞水产品罪	刑事判决书	责令被告人余某某缴纳生态修复费用人民币200元
5	（2021）吉0721刑初144号	吉林省前郭尔罗斯蒙古族自治县人民法院	非法占用农用地罪	刑事附带民事诉讼判决书	责令被告人孔某某承担生态环境修复费用人民币49 872.327元
6	（2021）皖1523刑初215号	安徽省舒城县人民法院	非法捕捞水产品罪	刑事附带民事诉讼判决书	责令刑事附带民事公益诉讼被告黄某某赔偿渔业资源经济损失和修复费用合计2 797.6元，并于本判决生效后十日内在安徽省六安市市级报刊公开向社会赔礼道歉

续表

序号	案号	裁判法院	罪名	判决书类型	环境修复措施
7	（2021）冀1026刑初38号	河北省文安县人民法院	污染环境罪	刑事附带民事诉讼判决书	责令附带民事诉讼被告人王某缴纳生态环境修复费用合计人民币330 490元（于判决生效后十日内缴纳）
8	（2021）冀0682刑初44号	河北省定州市人民法院	非法采矿罪	刑事附带民事诉讼判决书	责令附带民事公益诉讼被告郭某在判决书生效之日起三个月内对被毁坏的土地进行修复；逾期不能修复，则承担被毁坏的土地修复治理费用人民币165 978.52元，限履行期限届满之日起十日内缴纳

　　我国对于生态环境损害主要有两个救济的途径：途径一为行政规制；途径二为司法救济。行政规制主要是通过行政手段来救济，包括行政命令、行政处罚、行政强制和行政协商；司法救济主要通过诉讼实现，包括环境公益诉讼、环境私益诉讼、生态环境损害赔偿诉讼和环境刑事诉讼。[1] 其中，行政规制中的行政命令

---

❶ 梁树森：《生态环境修复中行政规制与司法救济的定位及协调》，载《环境法评论》2021年第2期，第118－142页。

型环境修复措施主要表现为"责令"型的形态，包括责令恢复原状、责令限期采取治理措施、责令改正等。❶ 从表 3 可知，在环境刑事司法实践中，破坏环境资源保护罪的刑事判决和刑事附带民事判决中均出现了"责令型"的环境修复措施，行政规制中的环境修复措施与刑事诉讼中的环境修复措施表现形式存在相同或相似性。虽然都是以"责令"的方式作出的环境修复措施，但显然在刑事判决和刑事附带民事判决中其性质并不相同。

从前文论述可知，在没有相关利益人提起附带民事诉讼的情况下，法院直接判处被告人承担环境修复责任违反了"罪刑法定"的原则，环境修复责任显然不能定位为一种刑事责任，但是否可以因为其具有浓厚的行政色彩而将其定位为行政责任？司法实践中，存在一个行为在触犯了行政法的相关规定的同时，又因为违法行为的"情节严重"性而违反了刑法的相应规定，此时会造成行政违法与刑事违法的竞合，对于这种责任的竞合，存在"吸收说"和"合并说"❷ 两种观点。"吸收说"认为应当采用"重罚吸收轻罚"的方式，对同一行为单处刑罚；"合并说"认为，应当采取合并处罚的原则，因为行政责任和刑事责任是两种性质不同的责任形式，两者是可以同时存在的，并不会造成"一事二罚"的不公平后果，并且对违法行为人追究行政责任，既是行政机关的权利也是其义务，如果违法行为只被司法部门予以刑事制裁，会造成"以刑代罚"的不良后果，导致行政机关不作为。❸

❶ 李挚萍：《行政命令型生态环境修复机制研究》，载《法学评论》2020 第 3 期，第 184－196 页。
❷ 侯艳芳、刘传颂：《行政处罚与刑罚折抵的思考》，载《山东审判》2008 年第 2 期，第 78－81 页。
❸ 黎宏：《民事责任、行政责任与刑事责任适用之司法困惑与解决》，载《人民检察》2016 年第 2 期，第 12－18 页。

本书认为"合并说"更具有合理性，行政责任和刑事责任是两种不同的责任，刑事责任并不能吸收行政责任，因此，虽然刑事司法实践中存在相当数量带有浓厚行政处罚色彩的"责令型"环境修复措施，但并不能将其定性为行政责任，因为行政法律规范是追究行政责任的法律依据，应该由行政机关依据行政法律规范对行政相对人作出行政处罚的决定，而环境刑事司法实践中出现的"责令型"环境修复措施显然并不是依据行政法律规范作出的，其作出的主体是司法机关也不是行政机关，所以，不论是从追责的依据、还是担责的主体，刑事司法实践中责令被告人对受损的生态环境进行修复，不应被认定为一种行政责任。

三、认定为"民事责任"的困惑

是否可以把在刑事判决中直接判处被告人承担的环境修复责任认定为民事责任？所谓民事责任，是行为人违反民事法律或者合同的约定而必须承担的法律后果，承担民事责任方式具有多样性，❶《民法典》第七编"侵权责任"第七章"环境污染和生态破坏责任"规定了损害生态环境的修复责任，❷ 其目的和作用主要表现在通过侵权行为人以经济的或者行为的方式弥补被侵权人的损失，遵循的是无损害无赔偿的原则。

---

❶ 《民法典》第一百七十九条规定："承担民事责任的方式主要有：（一）停止侵害；（二）排除妨碍；（三）消除危险；（四）返还财产；（五）恢复原状；（六）修理、重作、更换；（七）继续履行；（八）赔偿损失；（九）支付违约金；（十）消除影响、恢复名誉；（十一）赔礼道歉。法律规定惩罚性赔偿的，依照其规定。本条规定的承担民事责任的方式，可以单独适用，也可以合并适用。"

❷ 《民法典》第一千二百三十四条规定："违反国家规定造成生态环境损害，生态环境能够修复的，国家规定的机关或者法律规定的组织有权请求侵权人在合理期限内承担修复责任。侵权人在期限内未修复的，国家规定的机关或者法律规定的组织可以自行或者委托他人进行修复，所需费用由侵权人负担。"

从上文论述可知，对于在刑事附带民事判决中判处被告人承担环境修复责任的做法，已经不存在法律和法理方面的障碍，但是对于在刑事判决中直接判处被告人承担环境修复责任的做法仍存在争议，是否可以将其解释为民事责任？《民法典》等民事立法与刑事立法中的民事法律规范是民事责任的法律依据，然而在具体的环境刑事案件中法院判决承担环境修复的措施所依据的仍然是刑事法律规范，如黄某某滥伐林木罪一案，❶ 法院判决的法律依据是《刑法》和《刑事诉讼法》，可见，如果将其定性为民事责任，同样存在缺乏法律依据的困境。

我国现行的刑事诉讼是由检察机关以公诉人的资格提起的，不管是定罪量刑、还是判决被告人承担环境修复责任的环境损害赔偿评估和鉴定，也主要是由检察机关单方提起和完成，这与民事责任中应该委托具有相应资质的中立第三方独立完成损害赔偿的评估鉴定存在极大的不同，在刑事诉讼中由代表生态环境损害方的相关国家职权机关，依据职权直接确定生态修复所应当补偿的生态环境损害数额，❷ 这显然违背了民事责任的公平原则。刑事诉讼与民事诉讼不同，刑事诉讼的目的之一在于依法追究被告人的刑事责任。对于民事权益的损害，权利人只能通过提起刑事附带民事诉讼，或者是在刑事诉讼结束之后，另行提起民事诉讼的方式主张权利，不能刑民不分，因此，在刑事诉讼中直接判决被告人承担的环境修复措施，也不应被认定为"民事责任"。

---

❶ "依照《中华人民共和国刑法》第三百四十五条第二款、第三十六条、第六十七条第一款、第七十二条第一款、第三款和《中华人民共和国刑事诉讼法》（2018年修正）第十五条的规定，判决如下……"，详见四川省珙县人民法院（2021）川 1526 刑初 98 号刑事判决书。
❷ 宁清同：《刑事生态修复责任初论》，载《深圳社会科学》2022 年第 1 期，第 96 – 125 页。

第二节　刑罚中环境修复措施运用的合理性不足

在刑事判决中运用环境修复措施是修复性司法理念在刑事判决中贯彻落实的具体体现，"环境修复已经成为救济环境公共利益损害的主导性救济方式。"❶ 环境修复措施的运用使被犯罪行为破坏的环境刑事法益得到修复，一方面缓解了监狱的监管压力，防止犯罪人之间在监狱中相互"感染"，敦促犯罪人早日回归正常的社会生活，实现惩罚与教育相结合的刑法目的。另一方面对于生态文明建设的保障和绿色环境的发展都具有开创性的意义。❷ 环境刑事司法审判中也在不断地探索关于环境修复措施的运用，然而，对于环境修复措施在刑事判决中如何运用，法律上并没有明确的规定，理论界和实务界也存在一定的争议，在刑罚中运用环境修复措施主要存在以下五个不合理之处。

一、适用率偏低且"重惩罚、轻修复"

（一）环境修复措施在不同诉讼阶段的运用

为更好地考察环境修复措施在环境刑事诉讼案件中不同阶段的运用情况，本书在中国裁判文书网上对环境刑事犯罪中最具有典型性的"污染环境罪"相关裁判文书进行了检索，在高级检索中设置检索条件：检索案由为"污染环境罪"，文书类型为"判决

---

❶　李挚萍：《生态环境修复责任法律性质辨析》，载《中国地质大学学报（社会科学版）》2018 年第 2 期，第 48－59 页。

❷　蒋兰香：《生态修复的刑事判决样态研究》，载《政治与法律》2018 年第 5 期，第 134－147 页。

书"，裁判日期为"2021 年 1 月 1 日—2021 年 12 月 31 日"，案件类型为"刑事案件"，得出符合条件的刑事判决书 307 份。经过对选取的 307 份裁判文书进行考察，发现环境修复措施在不同的诉讼阶段适用占比如表 4 所示。

表 4　"污染环境罪案件"中环境修复措施在不同诉讼阶段的运用情况

运用的情况	数量（份）	百分比（%）
行政执法阶段	33	10.75
检察院审查起诉阶段	7	2.28
法院审理阶段	19	6.19
没有适用环境修复措施	248	80.78

从表 4 可知，环境修复措施被运用于环境刑事诉讼的不同阶段，行政执法、审查起诉、案件审理的各个阶段均有所涉及，从总体上而言，主要集中在行政执法阶段，其次是案件审理阶段，可见，环境修复的执行主体主要是行政机关，从司法实践来看，在行政执法阶段采取环境修复的措施，更加能够及时对环境进行救济，以修复受损的环境。

（二）环境修复措施的适用率偏低

从表 4 可知，在典型的环境刑事犯罪类型"污染环境罪"的司法过程中，环境修复措施的运用比例仍比较低，运用了环境修复措施的案件占比仅为 19.22%，共有 248 件案件的裁判文书没有适用环境修复的措施，所占比重高达 80.78%。从理论上而言，只要环境遭受了损害，就应当进行修复，被告人必须承担环境修复的责任，然而司法实践中，环境修复措施在环境刑事司法中的适用率并不高，理论与实际的差距仍然比较大。

进一步分析发现，在这 307 份裁判文书中，有 302 份裁判文书在对被告人判处自由刑的同时并处罚金，自由刑并处罚金成为当下最主要的环境刑事责任承担方式，这种责任承担方式被认为过分重视对贪利性犯罪的剥夺与威慑，体现了《刑法》设置罚金的目的不在于实现刑罚的轻缓化，而是增加刑罚的分量。[1] 自由刑仍是当前刑罚的主要方式，但自由刑存在犯罪恶习相互"传染"、造成司法资源浪费等诸多不利之处，在一个尊崇个人价值与生命价值，守护人类自信与希望，以实现社会价值增值为基础而构建起的社会，出于对人道主义精神与预防治疗的考虑，应尽量避免过度使用剥夺自由的刑罚。[2] 过分倚重"惩罚"的作用，导致在环境刑事司法中形成了"重惩罚、轻修复"的痼疾，司法机关在重刑主义倾向的影响下，过分聚焦于案件中被告人的刑事责任承担，形成这样一种惯性思维，即刑事案件首先要追究犯罪人的刑事责任，[3] 而忽视了对环境的修复。

二、环境修复目标不明确

（一）环境修复目标的法律规定模糊

环境修复目标的确定是环境修复法律责任以及环境修复制度的核心内容，[4] 制定合理的环境修复目标是实现环境修复效果的首要前提，然而，关于环境修复应该达到何种程度？是否必须恢复原状？还是修复到合理的水平？法律至今没有明确规定，司法实

---

[1] 曹波、李沁尧：《国家治理现代化视阈中罚金刑改革论纲》，载《上海政法学院学报》2021 年第 2 期，第 140－150 页。

[2] 严励：《刑事司法与犯罪控制的新发展》，中国法制出版社 2007 年版，第 290 页。

[3] 魏汉涛：《刑事制裁与生态环境修复有机衔接的路径》，载《广西大学学报（哲学社会科学版）》2020 第 5 期，第 77－84 页。

[4] 李挚萍：《环境修复目标的法律分析》，载《法学杂志》2016 年第 3 期，第 1－7 页。

践中也没有明确的标准。从其他国家的立法来看，一般是要求将被污染或损害的环境修复到"未受到污染前的状态""原来甚至是更好的状态""恢复环境的利用价值"等。❶ 我国关于环境修复的规定在不同的法律、法规与司法解释中表述不一致，主要存在以下几种表述方式：恢复原状、生态环境修复、环境修复义务、恢复环境原状、恢复损害之前的状态和功能。❷ 对于环境损害的修复要达到"损害之前的状态和功能"，将受损害的环境修复到污染前的状态或者比原来更好的状态，恢复其原来所具有的功能价值，最终实现环境修复的目标。

环境修复与恢复原状有一定的联系，但又有区别。恢复原状要求责任人把被损坏的环境恢复到损害发生前的状态，体现的是一种损害填补的责任，被认为实现了公平性与正当性。环境修复则不同，环境修复中恢复原状可能会面临可能性、可行性与非必要性等问题，所以，环境修复要考虑以下几个因素：一是对原状要有准确的认识，二是恢复原状是否切实可行，三是对原状的优劣有评判，四是恢复原状是否有必要性。❸ 在环境质量档案制度不

---

❶ 李挚萍：《环境基本法比较研究》，中国政法大学出版社 2013 年版，第 145 – 147 页。

❷ 2014 年最高人民法院《关于审理环境民事公益诉讼案件适用法律若干问题的解释》第二十条及 2017 年 8 月 29 日中央办公厅、国务院办公厅印发的《生态环境损害赔偿制度改革方案》使用的是"生态环境修复"。2015 年最高人民法院《关于审理环境侵权责任纠纷案件适用法律若干问题的解释》第十四条规定污染环境者应当承担"环境修复义务"。2015 年《固体废物污染环境防治法》第八十五条提到"恢复环境原状"。2015 年《环境损害鉴定评估推荐方法（第Ⅱ版）》又同时采用了"环境修复"和"生态恢复"。2016 年《生态环境损害鉴定评估技术指南总纲》，将"生态环境恢复性责任"定义为生态环境恢复，具体是指生态环境损害发生后，相关主体采取各项必要的、合理的措施将生态环境及其功能状态恢复至基线水平，同时补偿期间损害。

❸ 李挚萍：《环境修复目标的法律分析》，载《法学杂志》2016 年第 3 期，第 1 – 7 页。

健全的情况下，对于环境的原状往往难以认定，在对环境进行修复时很难有关于"原状"的标准，而且囿于技术的制约，恢复原状往往难以实现，对于某些环境而言，恢复原状也没有必要，如果固守以"原状"为标准，极有可能会造成过度修复或者是修复不足的后果。

（二）环境修复赔偿费用的名称不统一

环境修复赔偿费用的名称不统一，使用不规范。在刑事司法实践中，与环境修复费用名称相关的称谓较多，司法实践中主要有以下十种。❶ 关于环境修复的表述方式主要存在以下几种方式：补（植）种复绿、植树造林、修复（受损）生态环境、对土地进行复垦或恢复原状、（渔业）增殖放流等。以上关于环境修复赔偿的表述方式，福建和四川两地在地方性的司法文件中对补（植）种复绿的环境修复方式进行了规范化的表述，除此之外，其他的环境修复方式均没有得到正式成文的规定来予以认可，环境修复赔偿的判决具有随意性，不利于司法的统一适用，给司法实践带来一定的困惑。在个案中，环境修复赔偿金的使用也不明确，每个地方的操作均不同，有的判决上缴国库，❷ 有的判决支付至公诉机关的账户，❸

---

❶ 司法实践中主要存在以下十种关于环境修复费用的称谓："生态修复金、环境资源损失费、生态平衡损失补偿费、环境治理费、环境资源保护费、渔业资源损失费、植被恢复费、土地复垦费、土地治理费、生态风险和环境损失等。"参见田雯娟：《论生态修复措施在环境刑事司法中的应用》，中山大学2020年博士学位论文。

❷ "被告人俞某某自愿缴纳的环境修复公益赔偿金人民币五万元，上缴国库。"详见厦门市中级人民法院（2018）闽02刑初19号刑事判决书。

❸ "上述费用以及判决主文第三项中的费用均支付至刑事附带民事公益诉讼起诉人江苏省淮安市清江浦区人民检察院账户。"详见淮安市清江浦区人民法院（2018）苏0812刑初523号刑事判决书。

有的判决支付至环境保护公益基金专项资金账户，❶ 对于判决支付至专项资金账户的环境修复赔偿金，其后续的使用具有确定性，但对于没有支付至指定账户的环境修复赔偿金，其后续使用是否用到环境修复中，具有很大的不确定性。

（三）环境修复目标不确定

1. 环境修复目标不清晰

不管是"恢复原状"，还是修复要达到"损害之前的状态和功能"的规定，对于司法实践而言，这都是一个极为模糊的标准，不具有统一性，不利于实践操作，无法对司法实践起到确定的指引作用，法院对于环境修复的裁判标准也主要是基于个案来确定。

2. 环境修复目标矛盾

我国司法实践中环境修复目标的确定主要存在以下几个问题，一是有些案件修复目标缺失。田雯娟在其博士论文中阐述，在其收集的 2 700 份分析样本中，缴纳环境修复资金的案件共有 825 件，环境修复资金的额度因没有经过环境损害的鉴定评估，适用具有随意性，适用的金额从 5 000 元至 30 万元不等，大部分案件仅判决将环境修复的资金缴纳至国库，个案缺乏具体的环境修复目标。❷ 二是有些案件修复的目标模糊不统一。如在有的案件中，❸

---

❶ "被告人曹某某缴纳的环境修复费用人民币二万元，由扣押机关邳州市公安局上缴至徐州市环境保护公益基金专项资金账户。"详见徐州铁路运输法院（2019）苏 8601 刑初 114 号刑事判决书。

❷ 田雯娟：《论生态修复措施在环境刑事司法中的应用》，中山大学 2020 年博士学位论文。

❸ "被告金昌顺中高纯金属材料有限责任公司、平安鑫海资源开发有限公司连带承担排除妨害、消除危险的民事责任，自本判决生效后六个月内处置平安鑫海资源开发有限公司厂区内 3、4、5、6 号浓密池中存储的工业水；被告平安鑫海资源开发有限公司停止侵害，消除危险，自本判决生效后四个月内治理厂北区排污口和厂南门处的沉淀池。"详见青海省海东市中级人民法院（2019）青 02 民初 5 号民事判决书。

环境修复的目标是"排除妨害、消除危险、进行环境治理"。又如
项某建等污染环境案❶中将环境修复目标定为"恢复原状"，但至
于原状如何，并没有详细规定。可见，司法实践中对于修复的程度
和修复的目标规定得过于笼统，不具有确定性。

3. 环境修复的目标局部化

有些环境修复往往只考虑个别指标的修复，缺乏对整体环境
的综合考虑和综合修复。尤其是行政机关主导的环境修复，一般
会把环境的经济价值摆在首位，环境的生态价值却容易被忽略，
存在追求短期效益，以政绩考核或者客户需求为导向的倾向。❷

三、环境修复标准不统一

（一）环境修复裁量标准缺失

环境修复必须要有明确、具体的标准，而且需具备可行性。❸
目前，在环境刑事司法过程中如何运用环境修复责任尚缺乏明确
的裁量标准，法官只能根据个案进行自由裁量，责任的适用方式
处于一种无序的状态。在环境修复的适用程序上，有些刑事案件
法官要求被告人在判决前自觉履行环境修复责任，有些刑事案件
则是法官在刑事判决中直接适用环境修复的措施，有些刑事案件
则是由原告人以刑事附带民事诉讼的方式向法院提起环境修复的
请求。

在环境修复的裁判方式上，有的法院是将环境修复的情况当

---

❶ "被告人包某成、杜某伟、石某杰、耿某生、宋某博、王某喜、苏某修复被其污
染的兴业县城隍镇湖村废旧蓄电池拆解场土地，恢复原有生态环境状况。"详见
广西壮族自治区兴业县人民法院刑事附带民事判决书。

❷ 李挚萍：《环境修复目标的法律分析》，载《法学杂志》2016 年第 3 期，第 1 - 7 页。

❸ 马洪超：《修复性司法制度在环境防治中的适用问题研究》，载《2015 年全国环
境资源法学研讨会论文集》，第 160 - 164 页。

作法院需要查明的事实，有的法院是将环境修复的具体内容写入裁判文书中，有的法院则是在刑事和解协议中将环境修复作为一项义务予以确认，在被告人拒不履行时，对其发出补植令或者是管护令。另外，在环境修复的裁判尺度选择方面，我国司法实践现行的普遍做法是将被告人实际履行环境修复责任的程度作为量刑的重要考量情节，但是具体的量刑标准不统一，法官具有较大的自由裁量权。具体表现在，有些案件被告人仅是作出了修复环境的承诺，就会被认定是悔罪的表现，修复的义务尚未实际履行，司法机关已对被告人作出从轻或减轻处罚的司法裁判，被认为违反罪责刑相适应的原则，容易导致司法腐败的发生。❶

（二）环境修复效果标准不统一

环境修复应该遵循怎样的标准？目前司法实践中主要存在以下几种论断：一是功能论或状态论，二是国家标准论，三是恢复方法论，四是个案修复方案论。❷

1. 功能论或状态论

所谓功能论或状态论，即法院的裁决标准是环境要素的原有功能或状态是否得到恢复。如项某建等污染环境一案中，❸ 被告人被法院判处修复生态环境的原有状态。但问题是原来的状态是什么样的？在我们环境质量档案制度缺失的情况下，并不是那么容易把握。

2. 国家标准论

该标准认为，经过修复之后的环境要达到国家对环境质量标

---

❶ 阮建华：《论恢复性司法在环境犯罪中的适用》，载《北京政法职业学院学报》2017年第3期，第7－14页。

❷ 胡卫：《环境侵权中修复责任的适用研究》，法律出版社2017年版，第201－204页。

❸ "被告人包某成、杜某伟、石某杰、耿某生、宋某博、王某喜、苏某修复被其污染的兴业县城隍镇湖村废旧蓄电池拆解场土地，恢复原有生态环境状况。"详见广西壮族自治区兴业县人民法院（2019）桂0924刑初38号刑事附带民事判决书。

准的要求。采用该标准应该要注意的是，国家标准本身是否合理，否则会出现过度修复或是修复不足的后果。

3. 修复方法论

所谓修复方法论是指由法院来确定环境修复的方法，再根据所确定的环境修复方法最终判决责任人承担相应的修复费用。如冯某某污染环境一案中，● 法院判决被告人按照生态修复方案确定的方法对环境进行修复，否则需承担相应的修复费用。适用该方法的前提是恢复原状的方法必须是合理的，据此得出的修复费用才能合理，否则对被告人来说显失公平。

4. 个案修复方案论

这是目前司法实践运用得最多的标准，环境修复的方案根据个案来确定。该方案的优点是具有整体性、具体化、权威性。● 不足之处是受鉴定机构的专业水平影响较大，往往不同的鉴定机构得出的修复方案差异巨大，鉴定费用也比较高昂，增加了不必要的支出，同时也加重了被告人的负担，影响了环境修复效果的实现。如冯某某污染环境一案●中环境修复的费用为2 737 400元，而检验、评估支出的费用就高达185 000元。

四、多重经济性环境修复措施负担有失公平正义

相当多的环境刑事案件，法院在裁判时既适用了自由刑和罚

● "被告人冯某某在本判决生效后三个月内按照生态环境损害修复方案对受损土地进行修复，若逾期未履行修复义务，则应连带承担修复费用人民币 2 737 400 元。"详见广西壮族自治区百色市右江区人民法院（2020）桂 1002 刑初 65 号刑事附带民事判决书。

● 胡卫：《环境侵权中修复责任的适用研究》，法律出版社 2017 年版，第 203 页。

● 详见广西壮族自治区百色市右江区人民法院（2020）桂 1002 刑初 65 号刑事附带民事判决书，由其认定的"技术服务合同、广东增值税普通发票，证实百色市环境保护局与百色市环境监察支队共同委托环境保护部下设的华南环境科学研究所进行检验、评估，百色市环境监察支队支付费用人民币 185 000 元"。

金刑，还同时判处被告人承担金钱性的环境修复责任，即被告人
除了被判处主刑外，还被判处了罚金刑，附加承担环境修复费用。
在周某某、陈某某污染环境一案中，❶ 法院对周某某及陈某某除判
决有期徒刑十个月外，还判处了 5 000 元罚金，并判处二人共同承
担赔偿环境污染损害修复费 24.6 万元人民币。有些案件除了判处
主刑、罚金、生态环境修复费用后，还判处被告人承担巨额的鉴
定费用，如贾某某、陈某某、李某某、吴某污染环境一审刑事附
带民事案中，❷ 三被告人除被判处相应徒刑之外，还被判处罚金，
并且承担相应的环境修复费用。有学者认为，环境修复费用的主
要用途在于恢复环境原状，该费用的性质不属于损害赔偿的范围，
实际上是恢复原状的一种变形。❸ 有些案件被告人除被判处主刑、
罚金刑以及赔偿经济损失之外，还被判处承担排除危险的责任，
实质上不当增加了被告人的责任。例如，无锡鸿迪管道工程有限
公司、沈某甲污染环境一案中，❹ 被告单位被法院以污染环境罪，
判处罚金50 000 元，要求在判决生效后三十日内支付环境修复费
21 000 元及案件公告费 1 000 元，共计 22 000 元，并在无锡市锡山
区原环境保护局的监督下处置其车内残留的有毒物质。

罚金是一种财产刑，是人民法院在审判的过程中根据犯罪的
事实和情节，科以犯罪的单位或者自然人在一定期限内向国家机

❶ 详见广东省陆河县人民法院（2019）粤 1523 刑初 5 号刑事判决书。
❷ "被告人陈某某、贾某某、李某某三人除被判处有期徒刑三年，缓刑分别为五年、
   四年、三年基础上，还被判处并处罚金二万元，连带承担赔偿生态环境修复费
   351 600 元、鉴定费 200 546 元。"详见山东省邹平市人民法院（2018）鲁 1626
   刑初 343 号刑事附带民事判决书。
❸ 吕忠梅：《"生态环境损害赔偿"的法律辨析》，载《法学论坛》2017 年第 3 期，
   第 5－13 页。
❹ 详见江苏省无锡市锡山区人民法院（2018）苏 0205 刑初 703 号刑事附带民事判
   决书。

关缴纳特定金额金钱的一种刑罚。❶ 罚金刑作为一种财产刑，其最初适用的目的在于对犯罪人进行经济性制裁。而赔偿被害人的损失也同样具有经济性制裁的性质。有学者认为，对被告人判处多重经济性刑罚加重了被告人的负担，有损法律的公平正义。❷ 对犯罪而言，与刑罚的严酷性相比，刑罚的必定性才是对犯罪最强有力的约束，❸ 法律应该提高必罚性，而不是增加刑罚的严酷性，因此，不应过度加重犯罪人的刑罚。

五、自由刑实刑影响环境修复措施的实际履行

环境犯罪侵害的是一种复杂的客体，其不仅侵害财产权利，往往还侵害生态利益，既产生经济的直接损失又对生态环境造成一定的破坏，所以对环境犯罪行为的追责通常既包括刑事责任也包括民事责任，一般以刑事附带民事诉讼的形式出现，而刑事附带民事诉讼中民事责任的承担方式适用民事法律的规定。根据《民法典》规定，❹ 环境侵权责任人需要承担环境修复的责任。而

---

❶ 于天敏：《谈罚金刑的正确适用》，载《现代法学》1997年第5期，第90-93页。

❷ 蒋兰香：《生态修复的刑事判决样态研究》，载《政治与法律》2018年第5期，第134-147页。

❸ ［意］切萨雷·贝卡里亚：《论犯罪与刑罚》，黄风译，北京大学出版社2008年版，第62页。

❹ 《民法典》第一千二百二十九条规定，因污染环境、破坏生态造成他人损害的，侵权人应当承担侵权责任。第一千二百三十四条规定，违反国家规定造成生态环境损害，生态环境能够修复的，国家规定的机关或者法律规定的组织有权请求侵权人在合理期限内承担修复责任。侵权人在期限内未修复的，国家规定的机关或者法律规定的组织可以自行或者委托他人进行修复，所需费用由侵权人负担。第一千二百三十五条规定，违反国家规定造成生态环境损害，国家规定的机关或者法律规定的组织有权请求侵权人赔偿下列损失和费用：（一）生态环境受到损害至修复完成期间服务功能丧失导致的损失；（二）生态环境功能永久性损害造成的损失；（三）生态环境损害调查、鉴定评估等费用；（四）清除污染、修复生态环境费用；（五）防止损害的发生和扩大所支出的合理费用。

在有些环境刑事案件中，被告人有可能既被判处了刑罚的自由刑实刑，又被判处承担环境修复的责任，致使在履行环境修复责任时存在一定的矛盾。如在郑某涛一案中，❶ 被告人郑某涛被判处相应的刑罚，并被判决对环境行进修复。该案中被告人除被判处四年有期徒刑外，仍需承担补种树苗的民事责任，并且承担 3 年的管护义务。在被告人已经被羁押的情况之下，其附带民事责任的履行必将存在一定的困难。司法实践中有时需要由司法警察将被告人羁押至补种地点，因而增加了司法的成本。可见，在一些刑事司法判决中，实刑和环境修复的同时适用，增加了实际履行的困难程度。又如，崔某月、刘某林污染环境罪刑事附带民事一审案中，❷ 法院判处二被告人有期徒刑四年，并处罚金 40 000 元；判决二被告人对造成的环境污染停止侵害、消除危险、恢复环境原状，并在限期内履行完毕。在被告人被判处监禁刑实刑的情况下，同时判处停止侵害、消除危险、恢复原状，这一判项形同虚设，其结果有可能是无法执行，也有可能是其责任由其他人代为履行，然而，根据法律规定，罪责自负的原则要求每个人必须对自己的犯罪行为负责，被告人才是真正负有停止侵害、消除危险、恢复原状的义务人，但是在其被判处监禁刑实刑的情况下，如果不对

---

❶ "被告人郑某涛因犯非法采伐、毁坏国家重点保护植物罪，被法院判处有期徒刑四年，附带民事公益诉讼被告郑某涛按照《郑某涛非法采伐国家重点保护植物案责令补种树木栽植方案》的技术要求，在荥经县补植复绿警示教育基地（荥经县大田坝乡同乐村 4 组）补植桢楠 30 株，并连续 3 年进行管护，确保成活率达到 85% 以上。"详见雅安市中级人民法院（2019）川 18 刑初 7 号一审刑事判决书。

❷ "河北省沧县人民法院以污染环境罪分别判处崔某月、刘某林有期徒刑四年，罚金四万元。判决被告人崔某月、刘某林对造成的环境污染停止侵害、消除危险、恢复原状，限判决生效后十日内履行完毕。"详见河北省沧县人民法院（2018）冀 0921 刑初 269 号刑事附带民事判决书。

履行方式做变通，这一判决极有可能会变成一纸空文，或者有可能会增加被告人亲属的负担，使罪责自负的原则无法真正落实。

第三节　刑罚中环境修复措施运用的配套机制不完善

一、公众参与制度的不完善

环境修复被视为当前我国环境治理的一项重要工作之一，公众参与对于增强公众的环境保护意识、顺利推进环境修复工作、维护公众环境权益、促进环保主管部门更加民主和科学的决策都具有积极作用。然而，司法实践中仍存在公众获取环境修复信息渠道不畅、公众参与形式化、公众参与积极性不高、司法回应公众不足等问题。

（一）公众获取环境信息的权利受限

自从颁布了环境信息公开的相关法规及规章之后，❶ 从 2009 年起，公众环境研究中心（简称 IPE）和自然资源保护协会（简称 NRDC）每年都会定期发布与城市污染源监管信息公开指数（简称 PITI）相关的评估结果，作为专业的第三方机构，其作出的评估指数比较客观和公正，其选取的城市也具有较好的代表性和完整性。2018—2019 年度的报告主要呈现出以下特点：沿海等经济发达地区的信息公开得分较高，信息公开的机制逐步完善，内地等欠发

---

❶ 2007 年 4 月国务院颁布了《中华人民共和国政府信息公开条例》（2019 年 4 月重新修订），2007 年 4 月原国家环境保护总局颁布了《环境信息公开办法（试行）》（2019 年 7 月由生态环境部部务会议审议通过废止，现已失效）。

达地区，尤其是工业化城市的信息公开程度较低，如得分最靠前的三个城市：厦门、烟台、广州，分别得到 82.4 分、81.4 分、80.8 分，得分最靠后的三个城市为：牡丹江、克拉玛依、本溪，分别得到 21.7 分、27.8 分、33.8 分。❶ 可以肯定的是，我国政府信息公开已经取得了较大的进步，但是城市之间的差异仍较大，呈两极分化趋势，部分城市信息公开的程度较低，与公众获取环境信息权的期望仍存在一定的差距。

公众是现代公共管理体系中重要的参与主体，具有不可或缺的作用，公众参与可以避免环境保护工作中政府失灵的发生、可以对环境执法进行监督，避免环境监管缺位。同时，政府积极发布各类环境信息，信息公开透明，问责落到实处，才能够赢得公众的信任，政府部门依法、依申请向公众公开各类环境信息的行为，可以让公众更好地参与到环境污染防治中来。❷ 对于公众而言，获取有效的环境公共信息是其参与环境决策、环境执法监督及环境修复的前提，因此，政府对环境信息的公开就显得特别重要。

环境信息公开是公众获取环境信息的重要途径，体现了公众知情权，只有在充分了解环境修复信息的前提下，公众才能够有效地参与到环境修复的活动中去。作为公共事务的决策者和提供者，政府有责任向辖区内的公众公开相应的环境信息。但在政府进行环境信息公开的过程中，仍存在诸多问题。比如，环境信息公开的广度以及深度仍不够，环境信息的可信赖性仍有待提高等，

---

❶ 公众环境研究中心、自然资源保护协会：《十年有成——2018—2019 年度 120 城市（PITI）报告》，载公众环境研究中心官网，http://www.ipe.org.cn/reports/report_20260.html，访问日期：2020 年 11 月 29 日。
❷ 马亮：《政府信息公开如何改变人们对环境质量的评价》，载新浪财经网，https://finance.sina.com.cn/roll/2019-02-18/doc-ihqfskcp6233725.shtml，访问日期：2020 年 11 月 29 日。

一些地方的政府部门为了追求本地区的政绩，对于一些比较重要的环境污染信息并没有进行真实、全面的公布，只对本地区、本部门有利的信息进行了公布；环境修复信息的获取渠道受限，对于企业而言，会导致企业无法准确预估生态环境风险而引发商业风险，不能及时对自己的商业行为进行调整，对于社会公众而言，会导致公众无法预判自身的生命财产安全。由此引发了社会公众对政府部门的信任度降低，不利于政府实施环境保护政策，也不利于环境修复工作的顺利开展。

（二）公众环境参与权仍呈现形式化倾向

国家允许公民在特定的时间和地点，通过特定的方式和途径参与环境政策的决策过程与环境保护的实际工作，[1] 法律对公众参与环境保护的具体原则进行了明确，[2] 我国《环境保护法》第五章专章规定了信息公开与公众参与的具体内容，明确了信息公开的责任主体。与环境保护息息相关的法律法规、规章以及其他规范性文件，为公众参与环境修复工作提供了制度上、法律上的依据。可见，我国公众享有参与环境保护工作的权利，而且该项权利已经被上升到了法定权利的层面，已经形成了基本的权利构架。

然而，公众在参与环境保护工作的过程中，有时仍呈现出"形式化"的样态，运行的态势差强人意。有学者指出，中国的公众参与仍处在初级阶段，其所体现的形式化和表演化意味较浓，有被他人操纵的危险。[3] 公众参与环境治理的权利流于形式化，究

---

[1] 国家环境保护总局《水和废水监测分析方法》编委会：《水和废水监测分析方法》，中国环境科学出版社 2002 年版，第 341 页。
[2] 《环境保护法》第五条规定："环境保护坚持保护优先、预防为主、综合治理、公众参与、损害担责的原则。"
[3] 蔡定剑：《公众参与：风险社会的制度建设》，法律出版社 2009 年版，第 18 页。

其原因主要是以行政机关等义务主体为主导的力量过于强大，而来自公众的力量又过于单薄，二者之间的沟通或协商不平等，且彼此之间也缺乏互动性，致使公众环境参与权无法真正得到落实，有时甚至流于形式化。当前，对于社会公众参与环境修复的法律责任，以及公众参与环境修复的程序、权利，我国的法律尚没有明确规定，政府也没有对公众参与环境修复进行积极的、正确的引导，导致公众参与环境修复的意识比较淡薄，参与环境修复的积极性也不高。

（三）公众参与的有效性不高

环境修复责任是环境正义与司法修复正义的具体化，也是国家治理环境污染的重要法律措施，需要立法、执法、司法和守法等各环节的保障，尤其是需要社会公众的参与，建立政府主导、社会参与的法治机制，以形成共建共治共享的环境保护格局。

我国为促进社会公众参与环境保护，在《环境保护法》等法律中规定社会公众参与环境保护的义务，原国家环境保护部2015年出台《环境保护公众参与办法》，该办法明确提出保障公民、法人和其他组织获取环境信息、参与和监督环境保护的权利，促进公众参与行政处罚、监督违法行为、开展宣传教育等环境保护公共事务。❶ 虽然，这里明确规定了公众参与环境保护公共事务的权利，但是这些事务的参与主要是以倡导的方式提出，还没有采取权利义务机制推进，且缺乏对妨碍公众参与环境保护行为的相应法律责任规制，明显会削弱公众参与环境保护的主动性与积极性。

我国已进入法治新时代，司法工作需要努力让人民群众在每

---

❶ 《环境保护公众参与办法》（原环境保护部部令第35号）第1条。该办法自2015年9月1日起施行。

个案件中都能够感受到公平和正义。❶ 所谓"公众"不仅是案件中的加害人、被害人、社区成员，还包括其他社会成员。因为每一个公众都有可能成为潜在的犯罪者，法院的每一次审判都是一次深刻的社会普法，对公众的社会行为具有明确的指引作用，如果一个裁判结果在法律上是符合程序正义的，但是却不被公众所了解和接受，那人民群众对"公平正义"就可能会产生误解，法院的公信力也会因此受到影响。例如司法实践中的"陕西朱鹮案""大学生掏鸟案"和"深圳鹦鹉案"，以上三个案件❷虽然都经过

---

❶ 2012 年 12 月 4 日，习近平总书记在首都各界纪念现行宪法公布施行 30 周年大会上的讲话中指出："我们要依法保障全体公民享有广泛的权利，保障公民的人身权、财产权、基本政治权利等各项权利不受侵犯，保证公民的经济、文化、社会等各方面权利得到落实，努力维护最广大人民根本利益，保障人民群众对美好生活的向往和追求。我们要依法公正对待人民群众的诉求，努力让人民群众在每一个司法案件中都能感受到公平正义，决不能让不公正的审判伤害人民群众感情、损害人民群众权益。"

❷ 案例一"陕西朱鹮案"：2015 年 6 月，张某等一行三人，在陕西省留坝县内，使用自己制作的射钉枪猎杀了两只朱鹮，后又将被猎杀的朱鹮尸体丢弃，朱鹮是国家一级保护鸟类。陕西省留坝县人民检察院对三人提起了公诉，由陕西省留坝县人民法院进行一审，一审以非法捕猎、杀害珍贵、濒危野生动物罪，对三人分别判处了有期徒刑 9 年、6 年及 6 年，并对三人分别判处罚金 5 000 元、3 000 元及 3 000 元。后来，三人对一审判决不符，提出上诉，二审法院最终作出驳回上诉的裁定，维持一审判决。参见陕西省留坝县人民法院（2015）留刑初字第 00018 号刑事判决书、陕西省汉中市中级人民法院（2016）陕 07 刑终 16 号刑事裁定书。案例二"大学生掏鸟案"：大学生闫某在暑假期间，与朋友王某等非法捕猎多只国家二级保护动物——燕隼及隼形目隼科动物，河南省辉县市人民检察院对涉案的三人提起了公诉，一审法院对三人分别判处了 11 年、10 年及 1 年有期徒刑，并分别判处罚金 1 万元、5 000 元、5 000 元，后三人均不服提起上诉，二审法院裁定驳回上诉，维持原判。案件详情参见河南省辉县市人民法院（2014）辉刑初字第 409 号刑事判决书、河南省新乡市中级人民法院（2015）新中刑一终字第 128 号刑事裁定书。案例三"深圳鹦鹉案"：深圳的王某利用业余时间养殖鹦鹉，并将自养的鹦鹉出售，因其中有些鹦鹉属国家保护动物，王某因此被提起公诉，一审法院对王某判处了 5 年有期徒刑，并处罚金 3 000 元。后王某提起上诉，二审法院改判王某有期徒刑 2 年，罚金不变，最高人民法院核准了该判决。详情参见广东省深圳市中级人民法院（2017）粤 03 刑终 1098 号刑事判决书、广东省深圳市宝安区人民法院（2017）粤 0306 刑初 323 号刑事判决书。

媒体的宣传，但当事人的命运出现了不同的结果，"陕西朱鹮案"和"大学生掏鸟案"中的被告人没有因为媒体的宣传而得到轻判，而在"深圳鹦鹉案"中，在经过最高法核准后，被告人王某被法院改判法定刑以下的刑罚，三人的案情基本相似，判决结果却大相径庭，体现了司法对于社会公众的回应程度不同，其取得的法律效果和社会效果也大不相同。

在环境修复的过程中，如何在民主协商的基础上建立司法机关、行政机关与环境保护组织、公众之间的"伙伴关系"而非简单的形式参与关系，是确保环境修复目标得以实现的重要保障。生态环境受到损害，直接受到经济损失的被害人可以直接提起私益诉讼请求赔偿，但是间接受到环境影响的公众是没有参与权利的。在起诉权、被告人定罪量刑、环境修复的方案选择等方面，公众参与权都有所欠缺。我国的刑事附带民事公益诉讼判决书中均没有体现公众参与的内容，可以说对于因环境污染受到影响的公众，其始终处于被边缘化的地位。司法应该是能动的，司法活动应该积极回应社会的关切。对于环境的受害者，如不能表达其诉求，这是很不合理的。

二、环境修复验收制度不完善

"我国的环境司法救济已从过去重赔偿转向重修复，环境修复的司法特色日渐凸显。"[1] 司法实践中，环境修复的理念已经深刻融入审判中，对于造成生态环境损害的违法行为判处环境修复的措施已在司法实践中得到高度认可，但是对于环境修复责任的后续监督执行，对于环境修复效果的实现仍存在诸多问题，虽然有

---

[1] 胡卫：《我国环境修复司法适用的特色分析》，载《环境保护》2015 年第 19 期，第 58 - 61 页。

一些案件在判处环境修复责任之后，法院对案件中的环境修复情况进行了跟踪和监督，但是有些环境修复需要法院联合环保、林业等相关行政部门一起检查，有些环境修复案件在法院判决之后，环境修复的实施并没有得到监督落实，对环境修复的成效也没有进行验收，主要存在以下两个方面的原因：一是没有形成统一的环境修复验收标准；二是各验收部门之间的工作协调机制不健全。

（一）没有形成统一的环境修复验收标准

对于环境修复目标是否已经实现，我国法律并没有对环境修复的验收标准作出明确的规定，以"自然修复为主，人工修复为辅"的环境修复程序，忽视了环境修复的标准、程序与验收的标准。[1] 理论上而言，环境修复目标是否已经实现，原有的生态环境是否已经恢复，或者是否已经恢复到与原有生态环境相匹配的程度，其标准难以确定，而且环境修复的过程往往比较漫长，短则数年，长则数十年，对于修复的主体而言，除需耗费资金外，还要耗费较长的时间，有些环境被破坏后甚至难以修复，环境修复的标准制度过于模糊，加上我国尚没有形成良性的公众参与制度，环境修复方案的确定往往没有考虑到公众的利益，没有因地制宜地制定符合当地经济发展的个案标准，对于各类环境的修复验收标准不明确，给统一司法实践的裁判尺度带来了困惑。

（二）各验收部门之间的工作机制不健全

对于环境修复的整体过程而言，最重要的是环境修复的措施是否已经实际履行，其修复的效果如何，这需要有一个完善的执

---

[1] 卢娜娜、宁清同：《生态修复责任司法实践之困境及对策探析》，载《治理现代化研究》2021 年第 5 期，第 90－96 页。

行监督验收机制来确保环境修复的措施得以落实，❶ 因此，环境修复中各验收部门之间的相互协调尤为重要。环境修复后续及监督执行存在困难的原因是各验收部门之间的协作机制尚未健全，主要体现在以下几个方面：一是法院人案矛盾突出，案多人少的现象普遍。随着立案登记制度的实施，各地法院案件激增，加之员额制改革之后，法官人数减少，相应的审判辅助机制没有配套完善，法院审判业务繁重已是不争的事实，法院完成审判工作之后，已无暇顾及案件审理后续环境修复工作的落实。二是判决中环境修复的监督和验收的主体不确定，导致环境修复的验收工作难以落实，存在各部门之间推诿的现象。三是环境修复的评估验收专业性较强，法院单独一家无法胜任评估验收的重任。四是法院与其他行政部门之间的联动机制没有完善，政府部门职责尚不明确。❷ 环境犯罪案件有其特殊性，涉及的部门也较多，主要有森林公安、林业、检察、环保、农业等部门，法院作为最终的审判部门，协调好与相关机关和部门的关系，是落实审判执行的关键。但是因为缺乏有效的联动机制，使得其他具有专业职能和专业知识的行政职能部门无法有效地参与到环境修复的监管工作中。

三、刑民、刑行环境修复衔接不畅

（一）刑、民修复边界不清挤压刑事环境修复空间

1. 民事环境修复与刑事环境修复界限不清

环境刑事司法中的刑民责任混淆、生态环境修复费用与罚金

---

❶ 余帅：《生态恢复性司法的实践困境与路径完善》，载《河南理工大学学报（社会科学版）》2021 年第 5 期，第 13 - 20 页。

❷ 李义松、刘丽鸿：《我国生态环境损害修复责任方式司法适用的实证分析》，载《常州大学学报（社会科学版）》2020 年第 1 期，第 20 - 30 页。

相左，造成了民事责任与刑事责任衔接不畅。主要体现在：直接以刑事裁判的方式责令被告人承担环境修复的责任，存在变相以刑事裁判或直接以刑事裁判作出对环境进行修复的问题，混淆了民事修复和刑事修复的界限。● 这一问题随着刑事附带民事公益诉讼的日益完善，已经得到了部分解决，但司法实践中还存在一定数量的直接以刑事裁判的方式责令被告人承担环境修复责任的刑事判决，刑民不分的情形依然存在。

2. 金钱性环境修复措施扩张与罚金刑之间的矛盾

为了考察环境刑事案件中被告人承担环境修复责任的方式，本书在中国裁判文书网上对 2021 年在判项中运用了环境修复措施的裁判文书进行了检索，在高级检索中设置检索条件：全文检索，判决结果（判项）为"修复"，检索案由为"破坏环境资源保护罪"，法院层级为"全部"，案件类型"刑事案件"，文书类型为"判决书"，审判程序为"刑事一审"，裁判日期为"2021 年 1 月 1日—2021 年 12 月 31 日"，经过人工筛选，最终得出符合条件的有效判决文书 411 份。被告人承担环境修复责任的方式主要分布情况如表 5 所示。

表5 被告人承担环境修复责任的方式

修复方式	判决书数量（份）	百分比（%）
行为修复	88	21.41
金钱修复	234	56.93
行为＋金钱修复	89	21.65

从表 5 可知，纯金钱性的环境修复措施占据了环境修复方式

● 梁云宝：《民法典绿色原则视域下"修复生态环境"的刑法定位》，载《中国刑事法杂志》2020 年第 6 期，第 20－38 页。

56.93% 的份额，同时判处行为与金钱性修复的方式占 21.65%，行为性修复方式只占 21.41%，可见金钱性的环境修复措施在环境刑事司法中的修复中占据绝对的优势地位。

　　环境修复措施可以分为两个大类，分别为行为修复与金钱修复，行为修复具有直接性，从理论的角度而言，行为修复更能够体现罪责自负的刑法原则，也是最为合理的承担环境责任的方式。❶ 但从表 5 可知，金钱性的环境修复措施已经远超行为性修复的措施，明显存在过度扩张的趋势，究其原因，一是由于非金钱性的环境修复措施执行标准难以统一，存在后续监督执行困难问题，导致了金钱性环境修复措施在刑事司法适用上的不当扩张，甚至对非金钱化的环境修复措施产生了隐性的排斥。二是《民法典》等民事法律没有规定金钱性环境修复措施的适用须以穷尽行为性环境修复措施为前提，法院在判决时可以选择适用环境修复的措施和种类。三是金钱性环境修复措施过度扩张导致罚金刑成为"空判"。罚金刑的作用在于剥夺环境犯罪人的利益，其价值侧重于对犯罪的惩罚，而金钱性环境修复的价值在于对损害的环境进行修复。❷ 罚金由国家财政统一管理和支配，不能直接转化为环境修复的资金，金钱性的环境修复费用则专款专用于修复受损的环境。罚金的数额关系到被告人的量刑是否得到了执行，金钱性的环境修复措施的落实则关系环境能否得到修复。在被告人资产有限的情况下，金钱性环境修复措施的不当扩张，势必会挤压罚金刑的适用空间。

---

❶ 胡卫：《环境侵权中修复责任的适用研究》，法律出版社 2017 年版，第 126 页。
❷ 刘琳：《环境法律责任承担方式的新发展》，中国社会科学出版社 2019 年版，第 109 页。

（二）刑、行政衔接不畅影响环境修复效果

司法机关及其工作人员在行使职权时均应遵守法定程序、履行法定职责。环保行政机关是具体负责行政管理的机关，人民法院是专职司法的机关，在环境损害程度认定、环境修复方案制订与环境修复效果验收等方面，因涉及环境修复科技的专业性挑战，相较于审判机关而言，行政机关具有天然的优势，因此，在解决环境修复的专业性问题时，需要行政机关与司法机关建立起协调机制，相互衔接。环境资源保护是一项复杂的系统工程，从环境行政机关查处环境违法行为移送公安机关侦办，到检察机关起诉至法院审理，再到审理后的交付执行，需要司法部门和执法部门共同构建起协调的联动机制，每个环节都需要各部门密切配合，从而形成保护环境的法治合力，如图5所示。

图5　环境资源刑事案件司法程序流程

在环境刑事司法的过程中，司法机关要分别与环境、城建、林业、国土、渔政等众多行政部门对接，如果刑行衔接不畅，会导致环境修复效果不佳。比如，有些地方行政机关基于本地区经济利益的考虑，往往更注重本地经济的发展，而忽视了环境的整体保护，割裂了发展经济与保护环境之间的关系。在处理环境问题时，也只站在本区域的利益去考虑环境问题。而且，受自身专业知识所限，不同区域的环保行政机关对证据的认定标准、案件的定性等存在不同的理解和认识，尤其是对于环境污染类案件，污染的后果往往具有间接性、长期性、潜伏性、滞后性的特点，对于证据的提取和认定都存在较大困难。对证据认定标准的不统一，极易导致相同的行为在不同的区域所承受的法律后果不同的局面。有些环境行政机关基于保护地方经济发展的目的，在执法过程中，存在"以罚代刑"的现象，有些已经达到刑事犯罪程度，需要移送司法机关的案件，行政机关却故意放任环境污染者，尤其对于涉嫌污染环境的犯罪行为，这种现象更为严重，甚至到了"环境污染行为之刑事责任阙如"❶ 的地步，使本该进入司法程序的违法行为被行政机关以行政处罚的方式"消化"了，严重影响了司法的公正性。

在环境犯罪进入司法程序之后，对于司法机关而言，如何对环境损害的程度和环境修复的效果进行确认也是一大难题。对于环境修复方案涉及科学技术问题时，如果没有相关环境行政机关给予取证、定性等技术方面的支持，司法机关是很难做到精准适用法律条文的，也很难准确适用合理的环境修复措施。在技术性规范上，司法机关对行政机关存在一定的依赖性，两者之间的关系比较微妙，因此，必须厘清二者之间的关系。在司法实践中，一些地方的基层法院依靠与地方行政机关的工作关系，获取环境损害的评估意见对被告人进行定罪和量刑，有时候在被告人还没有实际履行环境修复义务时，就已经提前对被告人在量刑上采取从轻或减轻的处罚，这些不规范的司法行为使司法裁量权失控，极易引起司法裁量失衡的风险。

---

❶ 颜九红：《论环境污染行为之刑事责任阙如》，载《北京政法职业学院学报》2009 年第 4 期，第 33－39 页。"刑事责任的阙如"是指"本应该进入司法领域，受到指控、审判和处罚，却由行政主管机关'一罚了之'，出现了极为明显的'刑事处罚鲜有发生'的现象"。

第三章

刑罚中运用环境修复措施的法理依据

　　法律责任是分配法律风险的依据，需要从理性视角寻找根据，确立合法性与妥当性。而且，法律责任是保障法律价值实现的路径，法律价值被视为法律的灵魂，[1] 因而需要通过法律责任理据契合法律灵魂。在法律责任的建构中，惩罚与压制并非法律的主要作用，法律的主要作用在于是否能够指引人类和平友好共处。[2] 因此有必要从学理的角度，明确环境修复措施在环境刑事司法中运用的理论依据。

---

[1] ［美］罗斯科·庞德：《通过法律的社会控制：法律的任务》，沈宗灵、蓝世忠译，商务印书馆1984年版，第55页。

[2] "法律的主要作用于并不是在于惩罚或压制，而是在于为人类和平友好共处提供一种规范化的指引。"［美］E. 博登海默：《法理学：法律哲学与法律方法》，邓正来译，中国政法大学出版社2010年版，第366页。

第一节　以修复性正义为价值的内核

修复性正义作为一种新型的正义观，主张对待犯罪的正确方式是修复因犯罪所造成的损害，消除犯罪的影响，而不单纯是惩罚犯罪行为人。修复性正义的内容分为三个方面：一是犯罪不仅侵犯了法律的规定、政府的权威，更损害了受害人、犯罪行为人、社会的利益；二是刑事司法应有利于弥补前述损害；三是支持受害人和社会参与司法过程，反对由国家独占对犯罪行为的社会回应权。❶ 即修复性正义从弥补损害的角度，关注被犯罪造成的损害，此种损害包括修复物质性的、精神性的损害。❷ 具体到环境犯罪的领域，修复性正义应包括三方面的内容：一是使人身和财产法益得到修复；二是为了使受损的社会关系得到修复，鼓励因犯罪受到影响的人们参加犯罪的后续处理过程；三是对受损的环境及人与自然的关系进行修复。❸ 在环境刑事司法的过程中，贯彻修复性司法理念，对于发挥环境刑事司法在保护环境、促进生态文明建设中的职能具有重要作用。因此，为了更好地在环境刑事司法中贯彻修复性司法理念，必须明确修复性司法与环境刑事司法之间的关系定位。

---

❶ 雷鑫、张永青：《环境犯罪刑事和解的证成与价值——以恢复性正义为视角》，载《湘潭大学学报（哲学社会科学版）》2010年第1期，第31-35页。

❷ 唐绍均、黄东：《环境罚金刑"修复性易科执行制度"的创设探索》，载《中南大学学报（社会科学版）》2021年第1期，第53-64页。

❸ 张霞：《生态犯罪案件中恢复性司法应用研究》，载《政法论丛》2016年第2期，第112-119页。

一、修复性司法理论下的环境公益嵌入

环境修复并不局限于修复生态环境结构和功能，还应该考虑与之相关的自然环境、人与环境之间的关系等，对以上关系进行全面的修复，为和谐社会的建设，以及经济的可持续发展提供保障机制。❶ 修复性司法所提倡的通过司法调解方式解决纠纷、吸纳公众参与、关注被害人权益、修复人际关系、修复人与环境的关系、最大限度地平衡各方之间的利益等理念在环境修复责任方式上均有所体现，如补植复绿、土壤修复、增殖放流、护林护鸟、支付生态损害赔偿金等环境修复的责任方式均是为了修复人与人、人与环境的关系。环境刑事司法实践中形式多样的环境修复责任形式体现了刑事司法中修复性司法的理念。环境修复过程中的方案选定、刑罚执行过程中的履行情况，都体现了对环境公益的维护。

司法实践中，被告人对环境进行修复的情节会在刑事判决中有所体现，并作为减刑的依据，例如，在黄某某污染环境一案中，❷ 广汉市人民法院于 2017 年 11 月 7 日在判决中指出，被告人黄某某在案发后主动缴纳 45 000 元人民币用于消除污染，法院鉴于被告人认罪悔罪态度良好，并承担了修复环境的责任，对其酌情从宽处罚，最终判处其半年的有期徒刑，并缓期一年执行。补植复绿、土壤修复、增殖放流、护林护鸟等形式多样的环境修复

---

❶ "环境修复不应仅限于对生态环境结构和功能损害的修复，还应该考虑到人与自然、人与人之间有关生态环境的各种关系，修复由犯罪行为恶化了的人与环境、人与人之间的关系，为社会的和谐以及可持续发展提供相应的制度机制保障。"参见李挚萍：《环境修复法律制度探析》，载《法学评论》（双月刊）2013 年第 2 期，第 103 – 109 页。

❷ 详见广汉市人民法院（2017）川 0681 刑初 226 号刑事判决书。

措施作为修复性司法在环境刑事司法实践中的运用，弥补了传统刑事司法只重视惩戒效果、忽视环境修复的不足。

纵使在以往"报应式"环境刑罚体系的严厉打击之下，环境犯罪并未因为刑罚严苛而被明显的遏制，反而因为技术手段的更新，出现多种新型的不容易被察觉的环境污染犯罪形式。严刑峻法可以在一定时间内实现遏制环境犯罪的目标，但这种效果并不长久，同时也无益于环境的有效修复。在环境司法专门化的推动下，新的环境司法理念得到推广，特别是在修复性司法理念的带动和影响下，理论界和实务部门均认识到环境修复的重要性，把修复性的司法理念贯穿于环境刑事司法的实践中，这已经成为环境刑事司法的一种新的发展趋势，形式多样的环境修复责任方式也因此应运而生，环境修复责任方式的多样化符合个案的特殊性需求，充分发挥了修复性司法特殊预防、打击犯罪与环境修复的多重作用，减少了人际关系的对抗，缓和了人类与生态环境之间的紧张关系，增强了人们的环境保护意识。

二、修复性司法理论下的环境修复价值

传统刑事司法将惩罚作为先验的干预手段，借此实现不同的目标，与之相反，修复性司法提出修复才是目标，并需要通过诸多不同的社会和法律手段与方法实现该目标，惩罚不是实现修复的最适当方法，惩罚有时候反而会严重阻碍修复目标的实现，阻碍犯罪人补偿和赔偿的努力。❶ 对于环境刑事司法而言，惩治和预防犯罪是其直接目标，实现人类与环境的可持续发展是其最终目

---

❶ ［比利时］洛德·沃尔格雷夫：《法与恢复性司法：社会伦理基础和司法基础研究》，赫方昉、王洁译，中国人民公安大学出版社2011年版，第236页。

标。❶ 当前，关于环境刑事犯罪惩治的立法，主要体现在对人的生命、健康和财产等法益的保护，以人作为出发点和落脚点，对环境的破坏需要达到对人类的生命、健康或财产造成损害的程度才构成刑法上的犯罪。这是一种以人类为中心的刑罚理念，然而，因为人类的利益没有直接受到侵害，所以产生了即使侵害了环境利益，也不会受到刑事处罚的刑罚理念，这样并不利于人类利益的最终保护，因为虽然人类的利益没有因为环境犯罪遭受直接的侵害，但人类的利益仍然会间接地因为环境的损害而被牵连，因此以人类为中心的刑罚理念显然不能与社会的发展相适应，这样的刑罚理念应该要有所改变，刑法法益的保护要兼顾人类利益与环境利益。

修复性司法在环境刑事司法中的运用，弥补了刑事立法以人类为中心的刑罚理念的不足，修复性司法注重惩治环境犯罪的同时，兼顾对环境的修复，使人类利益与环境利益能够得到兼顾，既保护了经济的发展，也保护了生态环境利益。因为人类利益与生态环境利益具有统一性，两者的利益都应该得到应有的尊重和足够的保护。❷ 由于环境问题具有公害性、综合性及持久性等特点，因此环境的保护不仅关系到环境自身的自生自灭，还关系到人与自然环境之间的和谐共生及长远发展，并最终会对人类的繁衍生息以及社会的可持续发展产生影响。❸ 作为一种惩治环境犯罪

---

❶ 蒋兰香：《环境犯罪基本理论研究》，知识产权出版社 2008 年版，第 109 页。

❷ ［美］那什：《自然的权利》，转引自汪劲：《环境法律的理念与价值追求》，法律出版社 2000 年版，第 209 页。

❸ "人类在繁衍、发展的过程中，要有长远的发展目标，既要兼顾当前的利益，也要兼顾日后长远的利益，即要有可持续发展的意识，并以可持续发展为目标，基于代际公平理念和现代人类中心主义思想在人类各项活动中注意协调人类利益和生态环境利益。"参见蒋兰香：《环境犯罪基本理论研究》，知识产权出版社 2008 年版，第 110 页。

的重要手段，刑罚应当不仅要保护人类自身的利益，还要从保护环境利益的角度出发，构建和谐的环境刑罚体系，以推进人与自然和谐共生。

法律价值被视为法律的灵魂。❶ 惩罚与压制并非法律的主要作用，法律的主要作用在于是否能够指引人类和平友好共处。❷ 因此有必要从学理的角度，明确修复性司法在环境刑事司法中的理论依据，使环境修复过程体现环境法益可修复的理论价值。

三、修复性司法理论与惩治环境犯罪的理论互洽

修复性司法将刑事犯罪行为所侵犯的客体看作一种复合的客体，认为刑事犯罪行为既侵犯了国家法律秩序，也侵犯了社会成员的利益，刑事犯罪行为不仅侵犯了政府的权威，更是对被害人、社会、犯罪行为人自己的侵害。❸ 环境法益是一种特殊的复合客体，环境刑事犯罪实质上是通过实施对受害人人身权及财产权的侵害，最终侵害了整个社会环境的整体利益。因为环境法益具有复合性，环境犯罪行为不仅表现为侵害了特定个人的利益，还表现为侵害了国家、社会甚至人类赖以生存的生活环境。修复性司法在环境刑事司法中的运用，有利于利用多元化的途径和方式，解决多重主体之间的矛盾，并最终促进社会整体的和谐发展。修复性司法的理念对于环境刑事犯罪的惩治、预防和控制都具有重要的现实意义。

---

❶ ［美］罗斯科·庞德：《通过法律的社会控制：法律的任务》，沈宗灵、蓝世忠译，商务印书馆1984年版，第55页。
❷ ［美］E. 博登海默：《法理学：法律哲学与法律方法》，邓正来译，中国政法大学出版社2010年版，第366页。
❸ 侯艳芳：《环境刑事违法的恢复性司法研究》，载《中国地质大学学报（社会科学版）》2008年第5期，第39－43页。

（一）修复性正义契合生态伦理

过去的刑事司法认为，加害人与被害人之间是一种对抗性的关系，对加害人的刑罚必须体现严厉性，以达到威慑加害人或预防犯罪的目的。以修复性作为基本原则的修复性正义，更加强调问题本身的解决，关注已经造成的后果，如何去消除因该刑事犯罪行为造成的不良影响，通过对被污染、损坏环境的修复，使失衡的生态系统恢复平衡。❶ 修复性正义致力于重建和平衡加害人、被害人及社会这三者之间的利益关系，它关注被害人及社会的实际诉求，弥补因刑事犯罪行为造成的各种损失。修复性正义更加具有预见性和前瞻性，从包括道德、社会、经济以及政治等不同的角度去认识刑事犯罪行为，可以缓和以人类为中心的社会关系的矛盾。作为惩治环境刑事犯罪的伦理基石，生态伦理更加关注人与人、人与自然环境之间关系的协调、和谐、可持续发展，这种理想的状态需要建立在对已经遭受刑事犯罪行为损坏的自然环境进行妥善修复的基础上。单纯的刑事惩治只是对环境刑事犯罪中人与人之间的关系进行了简单化的处理，并没有对人与自然的关系给予充分的重视和关注，而作为环境刑事犯罪伦理基础的生态伦理，要求充分发挥修复性正义的积极作用，通过犯罪行为人与被害人、相关利益群体之间的沟通、协商等方式，调节人与人、人与自然环境之间的关系。

（二）修复性补偿与惩治环境刑事犯罪目标相符

修复性司法是对传统刑事司法模式忽视生态损害亟须修复的矫正，可以实现惩治犯罪人、补偿受害者、修复生态环境的三重

---

❶ 刘德法、高亚瑞：《论环境刑法视域下的生态修复性司法》，载《河南师范大学学报（哲学社会科学版）》2020 年第 3 期，第 70 - 77 页。

目标。❶ 修复性司法的补偿性与惩治环境刑事犯罪的目标具有共通性。修复性补偿的方式可以是返还原物，也可以是替代性经济补偿、提供某种形式的服务等，还可以是其他为被害方所接受的方式。修复性补偿要求以犯罪行为的发生作为契机，通过努力促进社会关系进一步改善，以实现社会秩序的理想性。❷ 修复性补偿把修复被害人权益作为第一目标，这样使被害人、社会因刑事犯罪所遭受的物质损失都能得到弥补，同时抚平了被害人的心理创伤，也更容易使被害人和社会重新接纳犯罪行为人，有利于犯罪行为人复归社会。惩治环境刑事犯罪的目的并不是报应或者是形成威慑，而是通过对犯罪行为人的矫治，以实现对环境法益的修复与防卫，❸ 可见，修复性补偿与惩治环境犯罪的目标具有一致性。环境刑事犯罪作为一种具有公害性质的犯罪，对其事前预防的意义要远大于单纯的事后惩治。

第二节　以刑法谦抑性理论为伦理基石

一、刑法的谦抑性

所谓刑法的谦抑性，是指刑法处罚的范围和程度应该有所限制，某一违法行为如果能为其他法律所规制，并且足以对相关的合法权益形成保护时，就不应当将这种行为定性为犯罪；凡是可

❶ 徐以祥、王宏：《论生态修复性司法》，载《人民司法（应用）》2016 年第 13
　 期，第 79－83 页。
❷ 毛煜焕：《修复性刑事责任的价值与实现》，华东政法大学 2015 年博士学位论文。
❸ 侯艳芳：《环境刑事违法的恢复性司法研究》，载《中国地质大学学报（社会科
　 学版）》2008 年第 5 期，第 39－43 页。

以适用相对较轻的制裁方式，就足以对某种犯罪行为形成抑制，并且对合法权益实施保护时，就不应该实施相对较重的制裁方式。❶ 因为刑法在法律体系中处于保障法的地位，刑法具有严厉性的性质，刑法中的制裁措施也最为严格，而且刑法中的刑罚方式具有积极与消极的两面性，这就决定了必须对刑法的处罚范围进行严格控制，对刑法中的刑罚程度进行限制。

　　日本学者松宫孝明认为，刑法只是维持人类社会生活的其中一种制度，❷ 刑法对其他社会规范具有补充性、容忍性，刑法应该起兜底的作用，在存在其他社会规范的时候，刑法的适用需要有所抑制，不应越俎代庖。在德国，刑法的谦抑性主要表现为：刑法是社会政策的最终手段，只有在其他民事、行政等非刑罚制裁措施无法奏效时，刑法才可以被投入使用，刑法被认定是对法益的辅助性保护，这主要源于宪法的比例原则。❸ 可见，所谓刑法的谦抑性，是指国家在社会治理的过程中，应当优先使用其他手段，最后才使用刑法手段，即国家在惩罚犯罪时，刑罚手段应该被当作惩罚犯罪的终局制裁手段，在能够优先使用民事或者行政手段进行救济时，不得使用刑罚的手段，刑法的作用应该是补充性的。❹ 刑法的谦抑性，最重要的是降低刑罚的适用，认为能用较轻的民事纠纷解决途径解决的矛盾，尽量用民事的方式解决，不要适用严厉的刑罚。有学者认为刑法的谦抑性应该包括两个方面的

❶　张明楷：《论刑法的谦抑性》，载《法商研究》1995 年第 4 期，第 55 - 62 页。

❷　［日］松宫孝明：《刑法总论讲义》，钱叶六译，中国人民大学出版社 2013 年版，第 10 - 11 页。

❸　Vgl. Claus Roxin, StrafrechtAllgemeinerTeil, Bd. 1, 2006, S. 45. 转引自冀洋：《我国轻罪化社会治理模式的立法反思与批评》，载《东方法学》2021 年第 3 期，第 124 - 139 页。

❹　［日］平野龙一：《刑法总论》，有斐阁 1972 年版，第 47 页。

内容，一方面要尽量避免使用刑罚，另一方面即使适用了刑罚，也要尽量适用较轻的刑罚，避免量刑过重。❶ 有学者认为对于刑罚的适用，应该采取审慎的态度，并且要考虑刑罚的经济性，以最大化地发挥刑法的价值和作用。❷ 刑法的谦抑性要求立法者应该力求以最小的代价——避免使用或者少用刑罚（而是使用其他非刑罚的措施）来获得最大的社会价值，以实现预防与遏制犯罪的目的。❸ 刑法的谦抑性要平衡民事、行政及其他社会治理规范的关系。❹

对于现代社会发展而言，刑法的谦抑性具有以下几个方面的特殊意义，一是尽量控制刑罚的严厉性，以减少刑罚严厉性对社会发展造成的负面影响，二是实现对社会利益的保护和犯罪嫌疑人人权的保护，这也是刑法谦抑性成为现代法治社会刑法发展方向的重要因素。就我国的现实国情而言，提倡刑法谦抑性的适用，对于宽严相济刑法目标的实现，❺ 对于刑法文明化建设，对于社会主义法治建设都具有重要的推动作用和积极意义。

二、刑法谦抑性追求刑罚轻缓化

刑罚的严厉性并不是人们惧怕刑法的最重要原因，人们惧怕

---

❶ 张明楷：《论刑法的谦抑性》，载《法商研究（中南政法学院学报）》1995 年第 4 期，第 55－62 页。

❷ 储槐植、何群：《刑法谦抑性实践理论性辨析》，载《苏州大学学报（哲学社会科学版）》2016 年 3 期，第 59－67 页。

❸ 刘咏、王雪琪：《论刑法的谦抑性》，载《中州大学学报》2007 年第 2 期，第 8－11 页。

❹ 刘艳红：《人性民法与物性刑法的融合发展》，载《中国社会科学》2020 年第 4 期，第 114－207 页。

❺ 高铭暄、张杰：《宽严相济刑事政策与酌定量刑情节的适用》，载《法学杂志》2007 年第 1 期，第 901－907 页。

刑法是因为刑法的破案率和必罚性，❶ 因此并不能通过提高刑罚的严厉程度来预防犯罪的发生。环境修复采取的是一种融合性、非对抗性的处理方式，被认为是刑法谦抑性的重要体现，刑罚应该是"适当的、必要的、不得已的"，倡导以调解的方式来解决环境刑事犯罪造成的损害，通过第三方调停、多方合意、责任落实、转变观念和积极修复等方式，实现良性的愈后效果，重构和谐社会。环境修复措施的运用，兼顾了社会、加害人和被害人的权益。❷ 在进行环境修复的过程中，尽量不要采取强制性的干预措施，防止不良后果的发生，具有威慑与剥夺性后果的手段只有在迫不得已的情况下才适用。可见，刑法的谦抑性与环境修复所倡导的司法理念具有共通之处，都倡导刑罚的合理化、谦抑性。

本书认为，发挥刑法的谦抑性在环境修复中的作用，应该从以下几个方面着手。

一是把握刑罚的惩罚力度。当前，环境污染严重，学术界和实务界有学者提出了应该扩大刑罚的适用范围，提高刑罚在环境犯罪中的打击力度，并建议在我国环境刑事立法中结合各个环境罪名增设危险犯，以扩大刑法对不断变化的环境破坏行为的规范范围，以使刑法保护环境的作用能够更大程度地得到发挥。❸ 然而，因为刑法严厉性的特点，无论对环境"犯罪圈"的进一步扩张还是有关环境危险犯的设立，都不应该是激进或者是盲目的，扩张或增设必须具有适当性的理由，而且需具有扩张或增设的必要性，应当体现法律"良法善治"的特点，以实现对环境犯罪行

❶ 朱苏力：《从药家鑫案看刑罚的殃及效果和罪责自负——纪念〈法学〉复刊 30 周年名家论坛（一）》，载《法学》2011 年第 6 期，第 3 – 14 页。
❷ 毛煜焕：《修复性刑事责任的价值与实现》，法律出版社 2016 年版，第 49 页。
❸ 蒋兰香：《环境犯罪基本理论研究》，知识产权出版社 2008 年版，第 279 页。

为打击与保持刑法谦抑性的统一性,❶ 如此,才能发挥时代赋予刑法的历史使命,更好地发挥服务我国生态环境建设大局的作用。

二是摒弃重刑主义的倾向。刑罚具有惩罚犯罪行为人、补偿被害人以及预防犯罪的功能,刑罚的惩罚功能在环境法律实施中具有基础性作用,但同时也应该认清其局限性,因为在很多情况下,惩罚并不是解决社会矛盾的最佳手段。刑法谦抑性是对过去重刑主义的一种修正,是在严格依据罪刑法定原则,以及罪、责、刑相适应等刑法基本原则的前提下,对不同的环境犯罪类型区别对待,对于犯罪情节轻微的案件判处较轻的刑罚,甚至使用非刑罚的方式来解决环境犯罪问题,而不是对任何环境违法行为都施以刑罚。

三是提倡刑事和解。刑事和解提倡给各方当事人提供一个平台,促进各方能够在自愿的基础上,以协商一致的方式,纠正所犯的错误、寻求各方的和解并最终促成损害关系的修复。在这个平台上,起主导作用的是被害人,被害人的选择会影响整个活动的进程。加害人会优先选择与被害人达成合意,这个平台为加害人表达悔恨、为被害人表示宽恕、为双方当事人的和解提供了机会。除此之外,在整个司法活动的过程中,要尊重加害人,并且对其提供相应的帮助,甚至承认加害人也是受害的主体,在司法过程中,注重对加害人帮扶和积极治疗,尽可能地让犯罪人留在社会,重视加害人重新回归社会,而不是让他们与社会隔绝。注重对社会资源的利用,提高全体社会成员参与司法活动过程的积极性以及主动性,共同营造为社会建设出谋献策,共同维护社会的安全、稳定、和谐发展的氛围。

---

❶ 徐卫东、李洁等:《刑法谦抑在中国——四校刑法学高层论坛》,载《当代法学》2007 年第 1 期,第 3 – 23 页。

三、环境修复措施的运用符合刑罚轻缓化趋势

（一）轻罚轻缓化有利于提高环境刑罚效益

法律是一种稀缺的公共资源，其实施需讲求实效，应该追求法律效益的最大化。[1] 法律效益是指在特定的社会，法律的制定、实施以及因此而衍生的法制秩序在运行的过程中所消耗的资源与取得的实际效益的比值。[2] 刑罚效益是法律效益的一种形式，其主要探讨刑罚作为刑法手段在运行中的成本与收益的关系问题，刑罚效益包括经济效益和社会效益，包括刑罚制定的效益、裁量的效益以及执行的效益。[3] 因此，作为一种特殊类型的刑罚——环境刑罚不能单纯以追求刑罚效果为目的，而应更加注重解决社会矛盾，预防和控制犯罪等社会效果的实现，以此提高环境刑罚的效益。其原因主要有二：一是环境犯罪具有附属性。如上文所述，在大部分情况下，环境犯罪的犯罪行为人是为了追求经济性的利益，实施了损害环境的行为，其本身并不积极追求损害环境的后果，环境损害结果只是犯罪人追求经济利益的附带物，环境损害的发生是违背犯罪行为人的主观意志的。因此，不应该对环境犯罪一味实施严厉的惩罚，以免企业生产受阻、发展停滞，甚至倒闭，而影响经济发展。反之，也不能放纵企业因为发展经济而严重污染或破坏环境，影响经济和环境的可持续发展，保护和发展二者须并重。二是由于环境犯罪具有特殊性，如果只注重对环境

---

[1] "以最少的资源消耗取得同样多的效果，或用同样的资源消耗取得较大的效果。"参见张文显：《当代西方法哲学》，吉林大学出版社1987年版，第242页。

[2] 江向琳、曾健生：《简论刑罚效益实现障碍消除机制》，载《江西社会科学》2006年第10期，第220－222页。

[3] 侯艳芳：《刑罚轻缓化的效益价值及在我国当前的实现》，载《华南农业大学学报（社会科学版）》2010年第2期，第128－134页。

犯罪的刑罚惩治，虽然会对环境犯罪产生威慑力，但如果不采取必要的环境修复措施，对受损的环境进行修复，导致虽然已经惩治了犯罪，但环境损害依旧的尴尬后果，势必会影响刑法的实质效果。因此，对于环境犯罪的惩治，既要注重发挥刑罚的惩治作用，亦要辅之以环境修复的措施，以保护环境法益。刑罚轻缓化是对过去重刑主义的摒弃，减轻了传统刑事司法对环境犯罪的刑罚惩治的司法成本和社会成本，有利于促进环境刑罚效益的提高。

（二）环境修复措施的运用顺应刑罚轻缓化趋势

20 世纪中期，法国犯罪学家马克·安塞尔提出了一种新的社会防卫理论，该理论是在对社会防卫论进行研究的基础上形成的，该理论主张打击犯罪的手段并不仅限于刑法，而应该是多样化的，并且刑事政策的核心在于帮助犯罪人重新回归社会。这种理论在二战之后逐渐发展成为刑法学的主流，其所倡导的尊重和保护人权，缓和了社会矛盾，该理论所倡导的价值为当代刑法政策所尊崇。刑罚轻缓化逐渐成为一种国际化的趋势，各国也因此对本国的刑事立法指导思想进行了调整，对刑事司法进行了理性的选择。刑罚轻缓化的程度，已被当作衡量一个国家社会文明、经济发展以及人的价值的重要标准。惩罚犯罪人并不是刑事司法的根本任务，刑事司法的根本任务应该是恢复被犯罪人破坏的社会秩序和被害人的损失。环境修复不仅限于对生态环境结构和功能损害的修复，还应该修复恶化了的人与自然、人与人之间的关系，为社会的和谐提供相应的制度保障。❶ 我国历来提倡刑罚应该做到"宽严相济"，在刑罚中增加环境修复措施的运用，有利于轻刑化刑法

---

❶ 李挚萍：《环境修复法律制度探析》，载《法学评论》（双月刊）2013 年第 2 期，第 103 - 109 页。

体系的构建，符合刑法谦抑性的要求。

从历史的发展进程来看，刑罚轻缓化代表了人类人道主义的发展方向，体现了法律对人权的保障，契合了人类社会文明发展的历史规律。从社会治理的发展规律看，刑罚轻缓化体现了宽严相济刑事政策的贯彻，和谐社会的构建以及社会法治的进步。对受损的环境进行积极修复的行为会被认为是具有认罪、悔罪态度的体现，在刑罚的裁量中会被作为判处轻刑的重要依据。❶ 刑罚的轻刑化是刑法谦抑性的直接体现，从上文对环境刑事犯罪的相关刑事判决可知，本书对所搜集的 411 份裁判文书所适用的刑罚进行了分类考察，刑罚中缓刑的适用率为 66%，被判处 3 年以下有期徒刑（包括单处罚金与免除刑事处罚）的自然人和单位高达 710人/个，占比 98.34%，可见，在运用了环境修复措施的环境刑事犯罪案件中，被告人被判处了相对轻缓的刑罚，符合刑罚轻刑化的趋势。

（三）环境修复措施的运用是刑罚轻刑化的体现

刑罚轻缓化是保障人权的手段，有利于节约国家刑事司法资源和社会维稳的资源，有利于降低制度化的成本。❷ 现代刑法立法反对重刑配置，要求法律对个人权益的限制需要合乎预防犯罪目的，该种限制应该设定在最小限度内，且在程序和实体上均应适当。刑法是重要的国家制度，涉及错综复杂的社会关系，对整个社会体系都会产生深远的影响。刑罚的发展除了受自身规律影响外，还会受到经济发展水平、社会结构以及社会文化等诸多外在

---

❶ 梁云宝：《民法典绿色原则视域下"修复生态环境"的刑法定位》，载《中国刑事法杂志》2020 年第 6 期，第 20 - 38 页。

❷ 侯艳芳：《刑罚轻缓化趋势及其价值基础研究》，载《河南大学学报（社会科学版）》2008 年第 4 期，第 76 - 80 页。

因素的影响，在众多的因素中，起决定作用的当属社会经济因数。❶ 因此，刑法的立法、司法都应该保持审慎的态度，避免因为对犯罪的惩罚而影响相关联的社会关系。由于环境犯罪是一种侵害复杂客体的犯罪，发展经济难免会对环境造成一定影响，但如果不发展经济，也会阻碍社会的发展，因此需要认识环境犯罪所具有的两面性，不能够为了保护环境，过分强调刑法的打击作用，以免因为刑罚太重违背罪刑相适应原则，但也不应该为了追求发展经济，纵容环境犯罪，需要找到环境保护和惩罚犯罪之间的平衡点。

在非犯罪化已经成为当今世界刑法改革的趋势下，各国刑罚谦抑性的基本表现形式是非刑罚化。❷ 在发达国家，对于经济类犯罪大多采取轻缓化的刑罚；而发展中国家对该类犯罪的刑罚则相对较重。新冠疫情肆虐对社会经济造成了极大破坏，使全球经济遭受重创，我国经济也深受影响。基于对刑罚经济与效率的考虑，国家应当针对不同的犯罪性质和类型采取不同的应对措施。❸ 在当前经济下行压力较大，现有司法资源短缺的情况下，对环境犯罪适用相对轻缓的修复性刑罚措施，甚至是非刑罚措施，更加有利于对环境犯罪的惩治。为了促进经济的健康有序发展，在现行经济背景下，建议在环境犯罪的惩治上，要保持刑法的谦抑性，合理化运用各项环境修复措施，尽量在保持经济运行的前提下，实现环境的修复，以免因为刑罚过重，在实现对惩罚犯罪的同时，遏制了经济主体参与经济活动的积极性，影响经济的长远发展。

---

❶ 李震、张玉成：《刑罚轻缓化的社会因素分析》，载《法学论坛》2009 年第 4 期，第 43 - 49 页。

❷ 陈兴良：《刑法的价值构造》，中国人民大学出版社 1998 年版，第 402 页。

❸ 于阳：《环境犯罪刑事制裁的方式与选择——以刑罚轻缓化为分析视角》，载《山东警察学院学报》2016 年第 2 期，第 114 - 123 页。

第三节 以刑法生态化为方向指引

一、刑法的生态化

刑法的生态化是把生态学的原理引入刑事领域，对环境犯罪的性质进行重新界定，以完善相应的刑法处置措施，以使环境刑法更加符合生态环境演变的基本规律，以此保护生态的各种秩序。❶ 刑法生态化主要体现在两个方面：一是将环境修复的措施引入刑事制裁的措施中；二是借助生态学的原理指导刑事司法中环境修复措施的运用。

刑法的生态化为环境修复措施在环境刑事司法中的运用提供了理论支撑，环境修复措施在刑事司法中的运用符合生态学原理的要求。因为环境犯罪具有区别于一般犯罪的特殊性，所以制裁环境刑事犯罪的措施也必须与之相适配，尤其要考虑对受损生态环境的修复，将环境修复的措施引入刑罚中，即体现了刑法生态化的价值导向。以刑法生态化为方向指引的环境修复措施，表现为在人为干预的前提下，利用生态环境系统的自我调节能力来恢复、重构或者改建已经受到损害的生态环境系统，使人为力量与自然力量实现有效协作，❷ 以实现生态环境的再平衡。人为的环境修复并不是毫无章法的，必须遵循生态环境的规律，充分考虑生

---

❶ 梅宏：《刑法生态化的立法原则》，载《华东政法学院学报》2004 年第 2 期，第 70 - 78 页。

❷ 唐绍均、黄东：《环境罚金刑"修复性易科执行制度"的创设探索》，载《中南大学学报（社会科学版）》2021 年第 1 期，第 53 - 64 页。

态系统的自我调节能力，使环境修复措施的实施具有科学性和合理性，避免因违背生态环境规律的环境修复措施对环境造成二次伤害。而且环境修复措施的运用要注重整体性和系统性，环境修复的效果并不能仅限于恢复原状，更应该注重生态环境整体功能的修复。

二、刑法生态化理论下的环境法益保护

（一）环境法益

法益是指由法律明文规定和保护的利益，刑法法益是指为刑法所保护而为犯罪行为所侵害的利益。[1] 保障人权与保护法益是刑法的目的，刑法所保护的法益类型因社会的发展而不断丰富和多样化。环境刑事法益作为刑法法益的一种类型，是指为环境刑事法律规范所保护而为环境刑事犯罪行为所侵害的生态、人身、财产等复合性利益。[2] 环境法益"具有现代性、复合性、公益性、大众性和隔代性的特征"[3]。"环境"既是自然存在的原始状态，也是人类生存与发展的条件。环境具有多方面的功能和价值，一方面是自然生态系统与功能的保持，需要对自然规律的尊重与爱护；另一方面是对人类生存与发展条件的调适，保持自然条件宜居的可持续性。因而在法律建构中，对于"环境"不同价值的认知与保护始终处于不断变化发展的状态，总体的关注趋势是从一元价值到多元价值的转变，从关注人的利益到关注其他物种利益的方

---

[1] 罗吉、杜万平：《环境刑法法益比较研究》，载《江西公安专科学校学报》2004年第1期，第16 – 21页。

[2] 吴鹏飞、蒋兰香：《论环境刑法法益的结构》，载《中国人口·资源与环境》2011年第3期，第82 – 85页。

[3] 陈晓明：《环境刑法论纲》，载《法治研究》2015年第2期，第16 – 29页。

向发展。❶ 在此情形下，环境具有自然性与社会性，自然性是环境
自身系统与功能的客观条件，而社会性体现了人的意志、利益和
价值观，这两种属性是人的生存与发展的条件，体现人的利益，
需要从法律上予以确认与保护。

在现代社会中，利益的确认与保护是法律的重要使命，也是
法律不断成长的根源。在环境层面上，自然维持与社会持续的环
境利益，需要国家在治理中积极作为，从制度上确认和保护环境
的利益，对不同主体的利益进行协调与平衡。❷ 这种制度化的环境
利益具有正当性，需要法律确认与保护，从而更加具有稳定性与
可救济性，环境利益得到法律的确认保护，也便于从利益上升为
法益，属于法律保护的合法权益。

环境法益是法益的特殊类型，是伴随着环境问题的出现而产
生的一种新类型的法益，环境法益是一种复合性的利益，不仅仅
是指人的环境利益，或者是国家的环境利益，而是所有环境法律
主体的利益。这种特殊性的法益的侵害是区域性的人类生存与发
展利益的损害，不但具有自然属性，而且具有社会属性，在法律
保护上需要采取经济性、技术性与社会性的保护措施。而采取环
境修复措施是有效保护环境法益的路径，需要采取强制性的法律
手段，通过法律责任驱动来实施保护。

（二）环境法益的刑事保护

环境法益的保护是否必须通过"惩罚"的方式才能得以实现，

---

❶ 李挚萍：《环境基本法比较研究》，中国政法大学出版社 2013 年版，第 58 页。
❷ "对不同主体的不同利益诉求进行动态的利益协调与衡平，确认利益主体的合法
利益，抑制环境利益冲突和不当利益诉求，进而解决环境问题、实现人与自然的
和谐发展。"参见史玉成：《环境利益、环境权利与环境权力的分层建构：基于
法益分析方法的思考》，载《法商研究》2013 年第 5 期，第 49－59 页。

要根据环境犯罪的具体情况进行分析与判断。在环境犯罪的查处中，对于不同个案的环境法益的保护，刑罚并不见得就是最佳的处理方式。

在认为法益不可恢复的学者看来，在环境法益已经被犯罪实质性侵害的情况下，此时对环境法益保护只是事后补救，并没有实现保护法益不受犯罪行为侵害的作用，此时对犯罪人进行惩罚，只是给予被害人及其亲属精神上的慰藉，但是，这样的惩罚对于实施犯罪的行为人、企事业单位和其他生产经营者，谴责性的作用不大，对已经被侵害法益的保护已于事无补，没有对环境污染的后果有所改善。其作用只是在于对潜在的相同行为的震慑，对法益起到的是间接保护的作用，没有从根本上对环境犯罪行为侵害的自然环境进行排除人为的干扰，也没有恢复环境的初始状态，环境功能仍然无法正常发挥，人类赖以生存与发展的环境障碍仍然没有排除。

环境修复措施的运用显然可以弥补传统刑法偏重对人的惩罚的不足，也增强对环境法益修复的可能。对于特殊环境法益，其已经被损害的法益往往是难以恢复原状的，但是可以通过修复的方式，使环境的功能基本恢复到损害发生前的状态。这种可修复性的刑事保护措施，突破传统刑法的法益范畴，也需要科学技术、经济投入等措施，而且修复的成本难以估量，修复的期限也比较长，这些都是传统刑法惩治犯罪行为的刑事责任目标所难以实现的。

三、环境修复措施符合刑法生态化价值目标

刑法生态化以实现保护环境为目标，在刑法中充分体现环境的生态价值和经济价值的融合，将环境保护的思想与环境的可持

续发展纳入刑法实施的过程，确保刑法的发展方向朝着环境友好型、可持续性发展。❶ 民事法律中的"绿色原则"对《刑法》的生态化产生了重要影响，直接体现为刑罚环境修复措施的生态化，刑事司法实践中形式多样的环境修复措施，其主要的目标也是修复环境的生态价值。过去的司法实践中主要以判处自由刑、实刑为主，或者附带判处相应的罚金，然而这样的判决并没有对被破坏的环境资源起到修复的作用。如在破坏林木资源类犯罪中，如果仅是对被告人判处刑罚，人们的直观感知仍是被破坏的森林资源导致水土流失，仍是荒山一片，林权所有人的权利没有得到有效的救济、环境的加害人难以回归社会、被损坏的森林没有得到有效的修复。这样的判决被认为是一判三输的判决，法律效果和社会效果没有实现有机统一。

因环境具有可修复性，在预防和惩治环境犯罪时，设置和适用针对环境犯罪的环境修复责任方式，可以更好、更有效地实现对环境法益的保护。❷ 刑法的生态化充分考虑了环境资源的客观规律，以平衡环境生态系统为司法原则，促进了刑罚的生态化，将环境保护与可持续发展的观念融入刑罚体系中，在对被告人判处刑罚的时候，从修复环境的角度出发，适用更为有利环境发展的刑罚措施，符合环境保护的客观规律。在环境修复措施的选择上，尽量选择与生态环境系统相适应的措施，最大限度地保护生态环境系统不受到人为因素的干扰和破坏。

环境修复措施在刑法上并没有明确的法律定性，这与我国刑

❶ 梅宏：《刑法生态化的立法原则》，载《华东政法学院学报》2004 年第 2 期，第 70 - 78 页。
❷ 张继钢：《生态修复的刑事责任方式研究》，载《环境污染与防治》2017 年第 8 期，第 925 - 928 页。

法的罪刑法定原则似乎不符，但是为了及时惩治环境犯罪、保护
生态环境的长远发展，在刑法暂时没有修订的情况下，合理运用
与刑法生态化理论相契合的环境修复措施，具有其合理性。但是，
因为没有法律的明确规定，具体采取什么样的标准来选择适用？
根据刑法生态化的价值目标，结合环境犯罪的本质，可以参考以
下两个因素：一是与人类的生存和发展是否存在密切的联系，即
是否有利于人类的生存和发展；二是与生态环境的平衡有密切联
系，即是否有利于生态环境的改善和平衡。刑法的生态化从宏观
和长远发展的角度考虑，对传统以人为中心的刑法价值进行了相
应的调整和创新，结合生态环境的客观规律，对刑罚的措施进行
了调整，以实现保障生态环境价值的历史使命。

第四节　以罪责自负为基本遵循

一、罪责自负理论

在罪责相适应的理论下，罪责自负成为刑法责任构建的重要
理论。关于罪责自负的见解也是见仁见智，有学者认为罪责自负
是一项刑罚基本原则，是指让罪犯单独承担刑事责任的不利后果，
刑事惩罚只施加于罪犯者本人，不能累及无辜的人。❶ 有学者认为
罪责自负是指犯罪人是唯一承担刑事责任的人，其他人不能代替，
也就是说任何人都要对自己的犯罪行为承担责任，而且也只对自

---

❶ 朱苏力：《从药家鑫案看刑罚的殃及效果和罪责自负——纪念〈法学〉复刊30周
年名家论坛（一）》，载《法学》2011年第6期，第3-14页。

己的行为承担责任，其他人不能替代，也不能代替别人。❶ 有学者认为刑事责任是一种个人责任，这种责任是个人责任，而不是一种团体责任，不由团体承担责任。❷ 可见，刑事责任是一种具有专属性特点的责任，是一种严格的个人责任，由行为人自行承担，这种责任不能够转嫁他人，他人也不能替代别人承担。❸ 但是，按照现行《环境保护法》《刑法》等有关环境犯罪的法律规定，环境犯罪中的犯罪行为实施主体可能是单位，也可能是个人，罪责自负限于个人的犯罪责任显然具有局限性；而且在环境修复责任中，单位修复责任承担能力一般情况下优于个人承担能力，对于修复环境更加具有实效性与针对性。

　　罪责自负意味着国家在对犯罪人进行刑事处罚时，不能把本该由犯罪人独自承担的刑事责任转嫁到第三人身上。❹ 对犯罪追究刑事责任的目的是使犯罪人受到惩罚，但是在对犯罪人进行量刑时，要对犯罪人的社会危害性、人身危险性等各种因素进行综合考量，尽量将犯罪人实施再犯罪的可能性降到最低点，实现预防犯罪的目的。关于罪责自负，《环境保护法》第五条❺明确规定了

---

❶　张明楷：《刑法格言的展开》，法律出版社 1999 年版，第 81 页。

❷　"只能就行为人个人自己所实施的行为而承担，不能以行为人属于一定团体为由而让他对他人的犯罪承担责任，这就是所谓个人责任。"参见［日］曾根威彦：《刑法学基础》，黎宏译，法律出版社 2005 年版，第 38－39 页。

❸　高铭暄主编：《刑法学原理（第 1 卷）》，中国人民大学出版社 1993 年版，第418 页。

❹　郑延谱：《罪责自负原则——历史演进理论根基与刑法贯彻》，载《北京师范大学学报（社会科学版）》2014 年第 4 期，第 99－106 页。

❺　《环境保护法》第五条规定："环境保护坚持保护优先、预防为主、综合治理、公众参与、损害担责的原则。"1989 年 12 月 26 日第七届全国人民代表大会常务委员会第十一次会议通过，2014 年 4 月 24 日第十二届全国人民代表大会常务委员会第八次会议修订。

加害人要承担损害赔偿的责任。原《侵权责任法》第六十五条❶规定污染者承担的责任，该法虽然已经为新颁布的《民法典》所替代，但是《民法典》对污染者担责的相关规定进行了相应的传承。《土壤污染防治法》第四十五条第一款❷规定土壤污染者担责和环境修复的责任。以上三部法律明确规定污染者是环境损害的责任人，必须对损害的环境承当相应的责任。

本书认为，罪责自负的含义可以从以下两个方面去理解，一是防止对犯罪人进行客观归罪。犯罪人只对自己的犯罪行为承担刑事责任，不对不是自己实施的行为承担责任，对违背自己主观认识的行为不承担刑事责任。二是主张个人责任由个人承担，不得连累他人。即刑罚只能够及于罪犯本身，对于罪犯的亲戚、朋友等与犯罪人有某种关系的人，不应该受到刑罚的牵连。

二、罪责自负理论下的环境修复刑罚价值

在过去的刑罚执行上，由于犯罪行为人被监禁或者是因为其他原因没有能力对环境进行修复的情况下，其家人往往为了犯罪行为人在量刑上可以得到宽大处理，自愿替代犯罪行为人承担环境修复的责任，法律并不禁止犯罪行为人的家属或其他亲友代替其履行环境修复的责任，而且对于这种替代修复，司法实践中是鼓励并且认可的，法院在量刑上也会对这种修复行为有所考量，

---

❶ 《侵权责任法》（已废止）第六十五条规定："因污染环境造成损害的，污染者应当承担侵权责任。"由中华人民共和国第十一届全国人民代表大会常务委员会第十二次会议于 2009 年 12 月 26 日通过，自 2010 年 7 月 1 日起施行。

❷ 《土壤污染防治法》第四十五条第一款规定："土壤污染责任人负有实施土壤污染风险管控和修复的义务。土壤污染责任人无法认定的，土地使用权人应当实施土壤污染风险管控和修复。"由中华人民共和国第十三届全国人民代表大会常务委员会第五次会议于 2018 年 8 月 31 日通过，自 2019 年 1 月 1 日起施行。

但是这样的做法可能会给犯罪行为人的家属带来经济上的巨大压力，影响他们的经济和社会权益。

从我国环境刑事案件办理的司法实践看，环境犯罪的"严重污染环境"情形、"后果特别严重"的范围，主要是指污染环境涉及人群数量多、污染土地面积广、损害树木数量大、损害环境生态功能严重、污染环境的饮水源等关键区域、造成危害健康人数多等多种情形。❶ 这些刑事附带民事赔偿的数额非常大，有些罪犯因经济能力有限而无法赔偿被害人，此时，如果犯罪行为人的家属或者亲友为了使其能够在刑罚上得到从宽处理的结果，代为赔偿被害人，这实际上不当加重了犯罪行为人家属的经济负担，既难以弥补环境损害的损失，也与罪责自负的相关原则相悖。实际上，不遵循罪责自负还有可能带来犯罪所受惩罚太小或所支付的代价太低，与其造成的损害后果不相适应的负面社会效果，由此引发社会公众对刑事司法的不满，损害司法的权威性。

环境修复的刑罚价值在于倡导改变传统的刑罚只注重监禁刑而忽视环境修复的刑罚观，在处理环境犯罪时要注重对环境的修复，尽可能减少监禁刑，赋予罪犯直接承担环境修复的责任，这也是罪责自负的体现，罪责自负不仅是刑事责任上的罪责自负，还体现在民事上的修复，不能因为犯罪行为人承担了刑事上的监禁刑就免除其民事上的修复责任，要改变传统的一关了之的刑罚观念，不能因为罪犯被监禁，就让其亲友替代犯罪行为人对环境进行修复，或者是承担巨额的修复费用，要让罪责自负真正体现在犯罪之人的身上，避免造成连累无辜的第三人。

---

❶ 最高人民法院、最高人民检察院《关于办理环境污染刑事案件适用法律若干问题的解释》（法释〔2016〕29 号）。

三、环境修复措施契合罪责自负的刑罚目标

罪责自负在刑法上是指犯罪行为人为自己的行为承担相应的刑事责任，即行为人只承担就自己的个人行为产生的责任，❶ 这种责任需要行为人自己承担，而不能转嫁他人。然而，在过去传统的人类中心主义观的指导下，在环境刑事司法实践中往往只注重对犯罪行为人判处刑罚，而忽略了对环境的修复，往往犯罪行为人被判处了刑罚，但被损害的环境并没有得到修复，环境损害还一直延续。对于因环境被损害而受到影响的人们而言，犯罪行为人被判处相应的惩罚，只是对他人起到警示的作用，而损害的环境并没有得到修复，环境的生态价值并没有得到补偿。实际上，犯罪行为人只是承担了主刑上的责任，附随的责任并没有真正地被承担。如今在自由与个体权利日益得到重视的背景下，罪责自负原则已经成为刑法的基本原则，是人类社会文明和进步的重要标志。❷ 本书认为，罪责自负的内容应不仅限于主刑等自由刑的罪责自负，还包括附加刑及附带民事责任的罪责自负。

现行《刑法》第三百三十八条❸明确规定了污染环境罪的构成要件。然而，在刑法上并没有关于环境修复的规定，环境修复的责任主要存在于其他法律和司法解释当中。如《土壤污染防治法》

---

❶ ［日］曾根威彦：《刑法学基础》，黎宏译，法律出版社 2005 年版，第 38 页。

❷ 郑延谱：《罪责自负——原则历史演进理论根基与刑法贯彻》，载《北京师范大学学报（社会科学版）》2014 年第 4 期，第 99－106 页。

❸ 《刑法》（2023 年修正）第三百三十八条规定："违反国家规定，排放、倾倒或者处置有放射性的废物、含传染病病原体的废物、有毒物质或者其他有害物质，严重污染环境的，处三年以下有期徒刑或者拘役，并处或者单处罚金；情节严重的，处三年以上七年以下有期徒刑，并处罚金……"

第四十五条第一款规定："土壤污染责任人负有实施土壤污染风险管控和修复的义务……"该条直接规定了污染责任人的环境修复责任。《民法典》第一千二百三十五条❶规定，对于环境侵权行为，被侵权人可以请求赔偿修复环境的费用。可见，在司法实践中，对于环境污染犯罪的民事修复责任主要是通过刑事附带民事诉讼或者是刑事附带民事公益诉讼的方式提起诉讼，如果单独提起刑事诉讼并不能体现刑罚对被污染的环境的修复救济。为了适应新时期环境污染犯罪的审判工作，对受损环境进行修复，让环境修复在刑罚定罪量刑上得到体现，两高对此作了新的司法解释，❷ 对环境修复行为进行了定性，该解释明确规定将环境修复的效果作为刑事处罚量刑的依据。

犯罪行为人参与环境修复的过程，也是其利用个人的实际行动积极践行罪责自负责任的过程，两高的司法解释将犯罪行为人积极修复环境的行为作为量刑上的考虑，正是对该行为的肯定。在环境刑事司法实践中，法院会根据案件的不同情况，判决犯罪行为人承担不同的环境修复措施，诸如补植复绿、增殖放流、土

---

❶ 《民法典》第一千二百三十五条规定："违反国家规定造成生态环境损害的，国家规定的机关或者法律规定的组织有权请求侵权人赔偿下列损失和费用：（一）生态环境受到损害至修复完成期间服务功能丧失导致的损失；（二）生态环境功能永久性损害造成的损失；（三）生态环境损害调查、鉴定评估等费用；（四）清除污染、修复生态环境费用；（五）防止损害的发生和扩大所支出的合理费用。"

❷ 最高人民法院、最高人民检察院《关于办理环境污染刑事案件适用法律若干问题的解释》第五条规定："实施刑法第三百三十八条、第三百三十九条规定的行为，刚达到应当追究刑事责任的标准，但行为人及时采取措施，防止损失扩大、消除污染，全部赔偿损失，积极修复生态环境，且系初犯，确有悔罪表现的，可以认定为情节轻微，不起诉或者免予刑事处罚；确有必要判处刑罚的，应当从宽处罚。"法释〔2016〕29 号，自 2017 年 1 月 1 日起施行。

地复垦、土壤修复、环保劳动公益、劳务代偿、修复污染环境等环境修复措施，也是考虑到方便犯罪行为人能亲自履行环境修复责任，这些措施均是要求犯罪行为人利用自身的行为修复环境的具体体现，体现了罪责自负原则的基本理念。

第四章

刑罚中环境修复措施运用的
完善建议

第一节 对现行刑法价值导向的
反思与调整

传统的刑法对待环境犯罪以惩罚为主要的价值导向，通过国家强制力实现刑事制裁的目的，即以相对报应刑论为内容，认为刑罚正当化的根据应以相对报应刑为内容。主张以相对报应刑为内容的刑罚正当化的根据，一方面是为了满足恶有恶报、善有善报的朴素正义要求，另一方面也是为了预防和惩戒犯罪而采取必要且有效的措施。● 然而，环境犯罪是一种有别于传统的刑事犯罪，对环境犯罪的治理也应当立足于如何平衡社会发展与改善环境的关系，传统刑法没有兼顾环境法益的修复，不能很好

● 陈冉：《环境犯罪恢复性制裁理念之提倡》，载冯军、敦宁主编：《环境犯罪刑事治理机制》，法律出版社2018年版，第174页。

地实现环境保护的目标和功能。在修复性司法理念的影响下，人们开始对刑法的功能价值进行反思，认为刑法应立足于社会秩序的恢复与社会关系的需要，应兼具惩罚与威慑、教育与改造、保障与补偿、矫正与回归这四大主要功能，❶ 并主张对刑法的价值理念进行相应调整，以实现刑法惩罚性与补偿性的双重目标。

一、对刑法惩罚性价值理念的反思

（一）对环境犯罪以惩治为主，对环境修复不足

工业现代化的发展，不可避免地会带来环境污染，过去这种污染被认为是人类在享受便捷生活的同时应该要承担的危险，但是随着人类文明的发展，人类已无法容忍以牺牲难以修复甚至不可逆的环境利益为代价来换取经济的阶段性繁荣。作为保护环境的最后一道屏障，刑法被赋予了更多的责任。刑法担负着惩治环境犯罪的责任，然而，环境保护的终极目标并不只是对环境犯罪行为进行惩治，而是借助环境惩治，发挥法律规范的教育、指引和评价功能，使人类生存的环境更加和谐美好。因此，在对环境犯罪进行惩治的同时，如何借助经济的手段给予生态环境合理的补偿和赔偿变得尤为重要。当前，我国对于环境犯罪的惩治还主要借助自由刑和罚金刑等传统手段，缺乏与经济社会发展相适应、与环境类犯罪不断翻新相匹配的经济制裁手段来对环境进行合理的修复和补偿。目前主流的刑事制裁模式没有考虑到环境犯罪的特殊性，以及制裁环境犯罪的根本目的和价值体现，以至于造成虽然制裁了环境犯罪人，但是环境损害并没有得到修复的结果。

---

❶ 彭文华：《我国刑法制裁体系的反思与完善》，载《中国法学》2022 年第 2 期，第 126 页。

当今的人类生活，越来越依赖高科技，也由此产生越来越多的污染源，给生态环境带来极大的潜在威胁，但如果对所有的破坏环境行为均以刑罚手段"一刀切"的方式进行规制，并不是科学的做法。经济手段被认为是更加有效的调控手段，为很多发达国家所采用，在对造成环境损害的经济活动采取相应的经济制裁的同时，为保护环境的经济活动提供相应的便利和政策支持，通过经济性的而不是以过分限制自由的方式平衡经济的发展和环境的保护，进而实现两者的良性互动关系。因此，刑法在制定环境犯罪的定罪和量刑标准时，应该避免只考虑刑法本身的制裁目的，而应当将环境保护、修复生态环境等因素纳入刑法的考量范围，在发挥刑罚惩治环境犯罪功能的同时，积极赔偿经济损失，修复受损的环境，实现环境犯罪的多元化综合治理。

（二）以事后惩戒为主，刑罚的预防效果不理想

与其他普通刑事犯罪不同，环境犯罪具有潜在的危险性，其造成的损害后果往往比较严重，一旦出现将难以挽回，如果在环境犯罪的危害结果出现之后才动用刑法进行规制，显然已滞后，刑法的惩戒手段也难以遏制危害结果的蔓延。因此，各国在制定环境刑法时，特别注重发挥刑法预防犯罪的作用，将预防的原则贯穿到刑法的制定过程中。例如，在刑法中明确将危险犯、行政犯、抽象危险犯等纳入犯罪范畴，并以刑罚的手段进行制裁。环境犯罪主要发生在经济领域，经济利益极容易诱导犯意的产生，人类基于逐利的目的铤而走险疯狂攫取环境利益，而生态环境作为一种客观存在，并没有任何的自我保护意识，从抵抗外界侵害和自我保护方面来看，没有一个机制能有效抵抗人对生态环境的侵害。因此，在制定刑法的过程中，应更加注重发挥刑法预防环境犯罪的作用，更加旗帜鲜明地体现刑法预防的功能。而当前我

国的环境刑法并没有很好地体现刑法预防犯罪的作用，其中重要的表现就是刑法注重对结果犯的惩治，而忽视了对危险犯的制裁。这样的刑事犯罪制裁模式在发挥行为指引作用上，容易让人们产生投机取巧的心理，认为只要行为没有对环境造成重大污染，没有造成公私财产的巨大损失和人身伤亡的严重后果，就可能不构成犯罪。

　　为了实现环境污染防治的立法目的，治理者主要采取如下几种方式进行治理和管制：一是由政府直接对公共设施进行投资并主导环境污染的治理工作；二是以政府的强制力为后盾，采取命令控制方式进行管制，例如，对某种行为进行限制或者禁止、设立统一的标准、进行证照许可管制、采取行政制裁措施等；三是采取经济制裁的手段，如提供特种补贴、征收相应的污染税费、在总量控制下的污染许可交易等。❶ 三种管制和治理的方式相互衔接、配合，共同发挥作用。刑法作为法律规范是对环境保护的最后一道屏障，是所有制裁手段中最严苛的一种，但是刑法在发挥保护环境作用的同时，要秉持谦抑性，不能过于张扬。尽管一些国家在进行环境刑事立法时，呈现了扩大刑法规范领域、加重惩罚力度的趋势，然而，刑罚在环境保护的过程中只是发挥补充和辅助的作用。因此，现代刑法应该具备更加宽广的胸怀，摆脱人类中心主义的思想，且将那些与人类利益息息相关的权益也涵括进刑法规制的范围，在这一过程中，刑法必须保持谦抑、谨慎、缓行的品质。❷

---

❶ 叶俊荣：《环境政策与法律》，月旦出版公司 1993 年版，第 43 页。
❷ 赵秉志、李山河主编：《环境犯罪及其立法完善研究——从比较法的角度》，北京师范大学出版社 2011 年版，第 35 页。

二、对刑法补偿性价值导向的调整

（一）对环境犯罪的惩罚

环境犯罪的预防、控制基本上是通过环境刑事司法活动体现的，所以环境刑法最直接的目标就是惩治犯罪。[1] 如前文所述，环境犯罪除具备犯罪的共性外，还具有其自身的特殊性[2]。修复性司法理念被运用于环境刑事司法过程中，契合环境犯罪的特殊性，符合环境刑事司法中环境修复的目标定位。与一般的刑事犯罪不同，环境犯罪的危害后果一旦形成，往往会对环境造成不可逆转的、严重的危害，其损失也将难以挽回，如果在实际危害结果发生后再动用刑法的手段去惩罚犯罪，取得的效果势必会事倍功半。因此，在保护环境方面，刑法的预防功能就显得极为重要，每个国家在制定法律时，都非常重视刑法的预防功能，并且将其贯彻在立法的过程中，例如，对危险犯、行政犯、抽象危险犯等行为，法律将其明确规定为犯罪行为，并对其进行刑罚制裁。[3] 如果在损害后果已经实际发生之后，再动用刑法去惩治环境犯罪，势必会错过保护环境的最佳时机。因此，针对环境犯罪的以上特点，应对环境犯罪的措施也应该具有特殊性。我国现行刑法关于环境犯罪的处罚措施主要是自由刑与罚金刑，具体的刑种包

---

[1] 蒋兰香:《环境犯罪基本理论研究》，知识产权出版社 2008 年版，第 107 页。

[2] 环境犯罪具备自身的特殊属性，即"严重的社会危害性、刑事违法性和应受刑罚惩罚性是环境犯罪与其他犯罪相同的特征；犯罪行为的累积性（潜伏性）、持续性、间接性、复杂性、侵害行为一定程度上的可容许性、后果的极其严重性等是环境犯罪不同于其他犯罪的特征"。参见蒋兰香:《环境犯罪基本理论研究》，知识产权出版社 2008 年版，第 93 页。

[3] 赵秉志、李山河主编:《环境犯罪及其立法完善研究——从比较法的角度》，北京师范大学出版社 2011 年版，第 34 页。

括：有期徒刑、拘役、管制和罚金。如何恰当、有效地惩治环境犯罪，实现刑罚对犯罪的惩治作用，让罪责刑相适应、相均衡，达到以最少的刑罚实现最佳的保护效果，这是环境刑事司法对环境犯罪的惩治目标。然而，实现环境刑法的惩治目标是一个错综复杂的系统工程，不仅要环境刑事立法合理，还要在环境刑事司法的过程中量刑适当，否则容易导致过度刑罚化，或是量刑失衡。环境犯罪的应对是一项综合性的工作，首先需要国家和社会组织制定相应的法律和行为规范，以规范人们的日常行为，并用刑法保护合法的权益；其次要充分发挥社会组织防治犯罪的作用，包括在环境犯罪惩治中的诉讼外调解、环境犯罪人与被害人之间的和解、修复性司法理念指导下的各项非刑罚修复性措施的运用等。我国现有的刑法体系尚缺乏关于直接以修复生态环境为目的的刑事责任承担方式，立法上的不足，只能通过司法的过程进行弥补，修复性生态责任方式在环境刑事司法过程中的运用，在相当程度上弥补了立法的不足，既兼顾了环境刑事司法的惩治功能，又兼顾了对犯罪人的挽救功能，同时也达到了保护生态环境法益的作用，使环境犯罪的惩治更能体现罪责刑相适应的刑罚目标。

（二）对环境法益的补偿

环境犯罪侵犯的客体集中在人类的生命、健康、财产权利以及社会的管理秩序等权益，这些权益在法律上已经得到确认，并上升为刑法所保护的法益。但是生态环境自身的价值维护并没有得到直接彰显。换句话说，现行法律并没有体现人类利益对环境利益的让渡，也没有体现法律对生态环境的人文关怀，环境法益没有得到应有的重视和保护。有学者认为，修正后的刑法虽然构建了环境刑法制度的雏形，但是具体条文内容并没有跳出传统刑法理念和司法模式，只是单行刑法和附属刑法的简单汇总，并没有突破传统人本主义的理念。❶ 所以对环境犯罪进行刑事制裁，在客观上，虽然起到了保护环境法益的积极作用，但实际上这只是对人本法益保护过程中的一种附属，一种保护人类法益的当然结果，而不是从理念上对环境法益进行确认。立法者在立法的过程中，对环境犯罪进行认定时，更加倾向于把对人类身体、生命、财产等造成损害后果的破坏环境的行为界定为环境犯罪行为，把那些没有对人类身体、生命、财产等造成损害后果或者没有直接造成该类损害后果的行为排除在环境犯罪类别之外。这会导致环境刑事立法不够严密，司法认定"一刀切"，无法构筑起客观全面的保护环境的坚固屏障。为了发挥刑法保护人类赖以生存的环境，实现人口、资源、经济、社会的可持续发展，刑法应该扩大对环境保护领域的规范，从而更好地保护环境。❷ 以上建议的目的在于，赋予环境法益独立的尊严和地位，当人类在制定涉及环境保护的刑法条文时，不应把人类自己当作自然和环境的唯一主宰者、支配者，而应把人类自身也当作环境的一个组成部分，在对经济发展与生态保护的权衡过程中，不偏私于追求人类利益，而是兼顾生态环境的发展，给予生态环境更多的人文关怀，❸ 因此，在对环境犯罪进行惩罚的同时，要注重对环境法益的补偿和修复。

---

❶ 杜澎：《破坏环境资源犯罪研究》，中国方正出版社 2000 年版，第 38－48 页。
❷ 蒋兰香：《环境犯罪基本理论研究》，知识产权出版社 2008 年版，第 279 页。
❸ 郑昆山：《环境刑法之基础理论》，五南图书出版公司 1998 年版，第 154 页。

第二节　明确刑法中环境修复措施的刑罚定性

　　环境修复措施的运用体现了刑罚轻缓化的刑罚理念，采取了环境修复措施的判决被认为具有威慑潜在环境犯罪，限制犯罪行为人再犯，较好实现刑罚目的的作用，符合从事后惩治向事前预防的环境犯罪治理发展趋势，契合现代环境伦理，兼顾了社会经济发展与环境保护的要求。然而，不同的环境修复措施，其法律定性存在较大的差异，必须厘清不同环境修复措施的法律性质。并且，因为环境修复措施在环境刑事司法中的运用仍然缺乏充分的法律依据，因此，需要对我国现行刑法进行修订，明确环境修复措施的法律地位，宜将环境修复措施定性为附加刑，使环境修复措施的运用具备法律正当性，符合罪刑法定原则。在确立了环境修复措施的正当性法律地位之后，应该对环境修复措施在环境刑事司法中的运用条件作出规定，使其适用更加具备可行性。

一、区分不同环境修复措施的法律定性

　　在刑事司法实践中，对环境修复措施主要存在以下几种适用方式：一是将环境修复作为刑罚处罚的方式；二是将环境修复作为刑罚辅助的措施；三是将环境修复作为刑罚执行的方式；四是将环境修复作为酌定量刑的情节；五是将环境修复作为附带民事的赔偿行为。

　　（一）将环境修复作为刑罚处罚的方式

　　根据我国现行刑法的有关规定，主刑和附加刑是适用于环境类犯罪的两类最主要的刑罚种类，在司法实践中，一些法院在对

环境刑事案件进行裁判时，根据环境修复的需要，直接将环境修复的相关内容和具体要求作为刑事判决的判项，使环境修复被当作刑罚处罚的一种方式。例如，在李某某滥伐林木一案中，❶ 法院除以滥伐林木罪对被告人李某某判处有期徒刑，同时判处相应罚金外，还判决被告人赔偿杭州市富阳区村民委员会的生态环境修复赔偿款人民币 3 480 元，用于在生态补种区域种植和管护树木。在王某某失火罪一案中，❷ 法院以失火罪判处被告人王某某相应有期徒刑，此外还判处被告人在一定期限内对被损毁的林地采取相应措施恢复林地的原状，不能按期恢复原状的，应按照修复的方案承担相应的生态环境修复费用，从以上两个判决可以看出，被告人履行环境修复的行为可以折抵相应的罚金。

（二）将环境修复作为刑罚辅助的措施

在环境刑事司法的实践中，环境修复有时会被当作一种刑罚的辅助措施，❸ 主要表现形式为"决定"或者是"命令"，法院一般会在刑事判决中同时作出，主要内容是要求犯罪人履行环境修

---

❶ "法院除判决被告人李某某犯滥伐林木罪有期徒刑九个月、缓刑一年，并处罚金人民币 5 000 元外，还判决被告李某某在杭州市富阳区村民委员会的生态环境修复赔偿款人民币 3 480 元，用于在杭州市富阳区谭台坞补种区域内按生态环境修复实施方案确定的树种、规格补植苗木 162 株并保证存活。"详见杭州市富阳区人民法院（2019）浙 0111 刑初 676 号刑事判决书。

❷ "法院判决除被告人王某某犯失火罪、判处有期徒刑一年、缓刑二年外，还判决被告人王某某于判决生效后十年内对被毁坏的林地 126.3 亩林地采取补种等措施恢复原状，如不能恢复原状应按照《栖霞市大蔡家村西南山（蚕山东北）山火烧迹地生态恢复规划》承担生态环境修复费用 84 201 元。"可见以上两个判决中，被告人可以通过履行环境修复的责任，折抵罚金。详见山东省栖霞市人民法院（2020）鲁 0686 刑初 107 号刑事带民事判决书。

❸ 刑罚辅助措施是指对犯罪行为人采取的刑罚以外的惩戒措施。参见徐本鑫：《刑事司法中环境修复责任的多元化适用》，载《北京理工大学学报（社会科学版）》2019 年第 6 期，第 140 – 148 页。

复的责任。例如，在向某某犯非法猎捕、杀害珍贵、濒危野生动物罪一案中，❶ 法院判处被告人向某某相应有期徒刑，此外还判处了相应罚金，并同时责令附带民事诉讼被告人向某某承担植树造林 10 亩的替代方式修复生态环境。在杨某滥伐林木一案中，❷ 法院除了以滥伐林木罪判处被告人杨某相应的刑期外，还判处了相应罚金，并同时责令其在一定期限内，在林业主管部门或公益诉讼人指定的地点补种树苗 125 株，对补种树苗负责管护至林业主管部门在规定时间内验收通过为止。该判决中还明确载明被告人没有履行修复责任或者履行修复责任不符合相关的验收标准的，需要承担林业部门代为履行修复义务所产生的合理费用。

（三）将环境修复作为刑罚执行的方式

在环境刑事案件中，经济处罚是一种重要的刑事责任方式。但是由于在一些特殊类型的案件中，❸ 如被告人以老人、妇女❹和农村人口为主，家庭较为贫困，法院对其判处罚金及环境修复费用则会难以执行。司法实务中，经常通过判处被告人承担相应的环境修复义务，用以折抵相应的罚金或环境修复费用，作为一种

---

❶ "法院判决被告人向某某犯非法猎捕、杀害珍贵、濒危野生动物罪，判处有期徒刑二年，缓刑三年，并处罚金人民币二千元的同时，责令附带民事诉讼被告人向某某承担采取植树造林 10 亩的替代方式修复生态环境。"详见湖南省桑植县人民法院（2019）湘 0822 刑初 190 号刑事附带民事判决书。

❷ "法院判决被告人杨某犯滥伐林木罪有期徒刑一年，缓期二年，并处罚金人民币 2 000 元的同时，责令被告人杨某于本判决生效后一年内，在林业主管部门或公益诉讼人指定的地点补种树苗 125 株，并对补种树苗负责管护责任，至林业主管部门在规定时间内验收通过为止。"详见德江县人民法院（2019）黔 0626 刑初 104 号刑事判决书。

❸ 非法占用农用地罪、盗伐林木罪、滥伐林木罪、失火罪等。

❹ 如何某某犯失火罪一案中，裁判文书载明"鉴于被告人何某某系家庭妇女，劳动力较弱"，可见法院在裁判的过程中对犯罪主体的客观情况也进行了综合考量。详见陕西省汉阴县人民法院（2020）陕 0921 刑初 39 号刑事附带民事判决书。

刑罚的执行方式。例如，在邱某某、白某某等非法猎捕、杀害珍贵、濒危野生动物一案中，❶ 法院除对二被告人判处相应的刑罚外，还在刑事附带民事诉讼中判处二人共同赔偿因非法猎捕国家二级保护动物灰斑羚二只而造成的国家资源损失人民币 80 000 元（此款在判决生效后三个月内缴纳）；如家庭困难，不能到期缴纳，可以易科为二被告人在金阳县林区内义务修复林区植被及义务做护林员二年。在李某某滥伐林木一案中，❷ 法院除对被告人判处相应的刑罚外，还判处被告人在判决生效后的一定期限内，提供一定时长的环境公益劳动，以此来抵补相应的环境损害赔偿金，并由相关的机关来监督落实。可见，在司法实践中，可以以劳务的方式折抵罚金及环境修复赔偿金的执行。

（四）将环境修复作为酌定量刑的情节

法院的裁判主要是依据罪、责、刑相适应的标准作出的，并对犯罪的性质、犯罪所造成的后果、犯罪的情节、被告人主观恶性、被告人认罪悔罪的态度等进行综合认定之后，再确定具体的量刑。司法实践中，如果被告人在法院作出判决之前，积极主动地采取了修复环境的措施，法院会根据修复的效果，对被告人作出酌定从轻处罚的判决。例如，在于某国、于某永非法采矿一案中，❸ 二被告人预交罚金并对非法采矿遭受破坏的生态环境进行部分修复，法院根据案件中的犯罪事实、二被告人的主观恶性程度

---

❶　详见四川省金阳县人民法院（2020）川 3430 刑初 16 号刑事附带民事公益诉讼判决书。

❷　"法院除判决被告人承担相应的刑罚外，同时判决被告人李某某于本判决生效后，提供不低于 30 日的环境公益劳动，以抵补其应支付环境损害赔偿金，该项劳务执行由凤阳县大银山国有林场负责监督和管理。"详见安徽省凤阳县人民法院（2020）皖 1126 刑初 117 号刑事附带民事判决书。

❸　详见河北省保定市易县人民法院（2020）冀 0633 刑初 132 号刑事附带民事判决书。

以及犯罪的社会危害性大小，在对二被告人判处刑罚的同时适用缓刑。在万某某、童某某滥伐林木一案中，❶ 法院认为被告人万某某、童某某在诉讼过程中主动缴纳了部分环境修复费用，且二被告人在案发后自行补种了部分苗木，虽未达到林业部门修复生态环境的要求，但仍被认为具有悔罪的表现，对二被告人酌情从轻处罚。

（五）将环境修复作为附带民事的赔偿行为

根据我国刑法的现行规定，在对被告人提起刑事诉讼时，检察机关可以一并对被告人附带提起民事诉讼的请求，要求被告人承担相应的损害赔偿及对损害恢复原状等相关的民事责任，司法实践中，检察院提起的此类诉讼请求大多数情况下都能够得到法院的支持。例如，在赵某某、陈某非法捕捞水产品一案中，❷ 法院除了对二被告人判处相应的刑期，还判处二被告人赔偿相应的生态环境修复费用，以确保生态环境得到修复。在张某某、王某某等九人盗伐林木一案中，❸ 除分别判处九被告人相应的刑期外及相应罚金外，还判处九被告人于 2021 年春季，在损坏的林地内继续补植 1 344 株樟子松，并对共计 3 157 棵樟子松苗木认真进行管理，

---

❶ 详见峨眉山市人民法院（2019）川 1181 刑初 112 号刑事判决书。

❷ "法院除分别判决被告人赵某某、陈某犯非法捕捞水产品罪，判处拘役三个月、缓刑六个月外，还判决由被告人赵某某、陈某赔偿因非法捕捞造成的生态修复费用 7 000 元人民币，用于修复受损环境。"详见四川省德昌县人民法院（2020）川 3424 刑初 25 号刑事附带民事判决书。

❸ "法院分别判处张某某、王某某等九人判处有期徒刑或拘役三个月至一年，缓刑四个月至一年六个月不等，并处罚金每人人民币 1 000 元外，还判处张某某、王某某等九人于 2021 年春季，在损坏的林地内继续补植 1 344 株樟子松，并对共计 3 157 棵樟子松苗木认真管理，使成活率和保存率分别达到 90% 和 85% 以上；如不履行，承担该林地继续补植费用和恢复费用人民币一万四千九百二十五元九角四分。"详见吉林省柳河县人民法院（2020）吉 0524 刑初 56 号刑事附带民事判决书。

以保证相应的成活率；如果不履行相应的修复责任，就需要承担林木的补植和修复费用。例如，在冯某某失火罪一案中，❶ 法院判处被告人在缓刑期内与相关主体共同修复被损毁的山林，并承担看护的义务，修复期满后，由专业机构进行验收。如果被告人不履行上述修复义务，则由被告人冯某某支付因其失火行为造成的修复生态环境费用人民币 44 686 元。

二、厘清刑罚意义上的环境修复措施

　　环境修复措施被运用于行政执法、立案侦查、审查起诉、案件审理、判后执行各个阶段，可见，环境修复措施的运用贯穿了行政执法和司法的全过程，环境修复措施在不同阶段的运用，其所体现的法律性质不同。本书认为并不是所有的环境修复措施都能称作刑罚意义上的环境修复措施，只有在刑事判决判项中将其作为一项刑事责任的环境修复措施才能称作真正刑罚意义上的环境修复措施，为更好地厘定各类环境修复措施的性质，本书对不同的环境修复措施进行了分析。

　　（一）行政命令型生态环境修复措施

　　1. 行政命令型生态环境修复的法律规定

　　行政命令型生态环境修复措施的规定散见于各行政法律条文中，其形式主要表现为：责令恢复原状、责令限期采取治理措施、责令改正等形式，本书对行政命令型生态环境修复措施的相关法

---

❶ "法院判处被告人冯某某自缓刑执行之日起三年内组织人员与永新县某乡某村委会共同对过火山场进行清山造林，恢复植绿；过火山场绿化后，被告人冯某某必须在永新县某乡某村委会的监督下对过火山场所造林木进行看护；三年看护期满，由公益诉讼起诉人聘请林业专业人员进行验收。如不承担上述生态修复义务，则由被告人冯某某支付因其失火行为造成的修复生态环境费用人民币 44 686 元。"详见江西省永新县人民法院（2020）赣 0830 刑初 53 号刑事附带民事判决书。

律条文进行了梳理，详情如表 6 所示。

表 6　行政命令型生态环境修复措施相关法律规定

行政命令型生态环境修复措施	法律条文	违法行为	修复措施内容
责令恢复原状	《环境保护法》第六十一条	违反环评审批，擅自开工建设	责令恢复原状
	《森林法》第七十六条	盗伐、滥伐林木	责令限期在原地或者异地补种树木
	《草原法》第六十六条	非法开垦草原	限期恢复植被
	《固体废物污染环境防治法》第八十五条	造成固体废物污染环境	排除危害，依法赔偿损失，并采取措施恢复环境原状
	《水土保持法》第四十九条	在禁止开垦坡度以上陡坡地开垦种植农作物，或者在禁止开垦、开发的植物保护带内开垦、开发	责令停止违法行为，采取退耕、恢复植被等补救措施
责令限期采取治理措施	《固体废物污染环境防治法》第八十条与第八十一条	对非法入境的固体废物，已经造成环境污染的；违反本法规定，造成固体废物严重污染环境的	责令进口者消除污染、决定限期治理
	《水污染防治法》第八十五条	违反法律规定向水体排放禁止排放的污染物质	责令限期采取治理措施，消除污染

续表

行政命令型生态环境修复措施	法律条文	违法行为	修复措施内容
责令限期采取治理措施	《土地管理法》第七十五条	违法占用耕地建窑、建坟或者擅自在耕地上建房、挖砂、采石、采矿、取土等，破坏种植条件的，或者因开发土地造成土地荒漠化、盐渍化的	责令限期改正或者治理
责令改正	《土壤污染防治法》第八十七条	违法向农用地排放重金属或者其他有毒有害物质含量超标的污水、污泥，以及可能造成土壤污染的清淤底泥、尾矿、矿渣等	责令改正（包括消除已经造成农用地的污染）
	《固体废物污染环境防治法》第七十五条	有未采取相应防范措施，造成危险废物扬散、流失、渗漏或者造成其他环境污染等违法行为	责令限期改正（内容包括消除污染）
	《土地管理法》第七十六条	违反本法规定，拒不履行土地复垦义务的	责令限期改正（内容包括进行土地复垦）

环境修复的目的在于对受到损害的环境进行救济，以恢复良好的环境质量与良好的生态系统，良好的生态环境是具有典型特征的公共物品，对生态环境的救济就是对公共利益的救济，所以，

行政机关应该成为实施环境修复的主导者。❶ 在发生环境损害时，行政机关应该履行环境管理的职责，督促责任人履行环境修复的责任。

2. 行政命令型生态环境修复在刑事司法中的评价

因以行政命令形式实施的生态环境修复具有及时性和应急性、高效性和低成本、专业性和有效性等优势，在发生环境损害事件时，行政机关往往会对行为人作出相应的行政处罚或者行政强制，要求行为人对受损环境进行修复，如果该损害环境的行为较为严重，已经触犯了《刑法》，行为人还会被追究刑事责任，此时，行为人履行行政机关作出的行政命令型环境修复措施的行为，在司法的过程中会被作出相应的评价，检察院一般会将被告人在行政机关处理阶段是否积极履行环境修复的行为作为其是否认罪悔罪的情节，并据此作为向审判机关提出量刑建议的参考依据。例如，在周某某滥伐林木罪一案❷中，检察机关将被告人在行政机关查处阶段"已经预交生态修复费用 40 674 元"的行为认定为"自愿认罪认罚，可以从宽处理"的情节，并向法院提出了"有期徒刑三年，缓刑四年，并处罚金人民币 30 000 元"的量刑建议，法院在本院认定部分认可了检察机关的量刑建议理由，并最终根据检察机关的量刑建议作出了相应判决。

（二）民事性环境修复措施

《民法典》第一千二百三十四条❸规定了"生态环境修复"的

---

❶ 李挚萍：《行政命令型生态环境修复机制研究》，载《法学评论》2020 第 3 期，第 184 – 196 页。

❷ 详见浙江省临海市人民法院（2021）浙 1082 刑初 1013 号刑事判决书。

❸ 《民法典》第一千二百三十四条规定："违反国家规定造成生态环境损害，生态环境能够修复的，国家规定的机关或者法律规定的组织有权请求侵权人在合理期限内承担修复责任。侵权人在期限内未修复的，国家规定的机关或者法律规定的组织可以自行或者委托他人进行修复，所需费用由侵权人负担。"

民事责任，对生态环境修复的责任内容和性质进行了明确，生态环境修复责任有别于一般的侵权责任，它是一种对环境公共利益进行救济的责任，其实施的主体包括法律规定的国家机关和相关组织。生态环境修复责任的构成要件包括：实施了侵权行为、侵权行为对环境公共利益造成了损害、侵权行为与损害之间存在利害关系、行为人具有主观过错（或违反了国家规定）、环境损害存在修复的可能性。❶ 最高人民法院通过司法解释的形式规定，如果不履行相应的生态修复责任，法院可以直接判决被告承担与生态环境修复相关的费用。❷

　　2018 年，最高人民法院、最高人民检察院《关于检察公益诉讼案件适用法律若干问题的解释》明确了检察机关提起环境刑事附带民事公益诉讼的主体地位，❸ 刑事附带民事公益诉讼制度得到了快速发展，刑事附带民事公益诉讼成为救济环境公益的主要方式，以刑事判决附带性地判处被告人承担环境修复责任的方式已

---

❶ 徐以祥：《〈民法典〉中生态环境损害责任的规范解释》，载《法学评论》（双月刊）2021 年第 2 期，第 144－154 页。

❷ 最高人民法院《关于审理环境民事公益诉讼案件适用法律若干问题的解释》（法释〔2015〕1 号）第二十条规定："原告请求恢复原状的，人民法院可以依法判决被告将生态环境修复到损害发生之前的状态和功能。无法完全修复的，可以准许采用替代性修复方式。人民法院可以在判决被告修复生态环境的同时，确定被告不履行修复义务时应承担的生态环境修复费用；也可以直接判决被告承担生态环境修复费用。生态环境修复费用包括制定、实施修复方案的费用和监测、监管等费用。"

❸ 最高人民法院、最高人民检察院《关于检察公益诉讼案件适用法律若干问题的解释》（2018 年 2 月 23 日最高人民法院审判委员会第 1734 次会议、2018 年 2 月 11 日最高人民检察院第十二届检察委员会第 73 次会议通过，根据 2020 年 12 月 23 日最高人民法院审判委员会第 1823 次会议、2020 年 12 月 28 日最高人民检察院第十三届检察委员会第 58 次会议修正）第二十条明确了检察机关提起环境刑事附带民事公益诉讼的主体地位。

经成为司法实践中处理破坏环境资源犯罪案件的常态化模式。[1] 环境刑事附带民事公益诉讼中出现了形式多样的环境修复措施，有行为性修复措施，例如，在被告人鲁某某非法捕捞水产品罪一案中，[2] 法院依据"《中华人民共和国环境保护法》第六十四条，原《中华人民共和国侵权责任法》第四条之规定"，判决"被告人鲁某某增殖放流 43.5 千克（约 8.7 万尾）的鲫、鳊、鲤或其他长江流域常见本土鱼类幼苗（长度≥3cm 的夏花）用于修复被损害的长江生态系统"。也有金钱性修复措施，例如，在被告人丁某某滥伐林木罪一案中，[3] 法院依据"《中华人民共和国民法典》第一千二百三十四条、第一千二百三十五条之规定"判决："责令被告人丁某某缴纳生态修复费用人民币 6 372 元。"本书认为，法院在刑事附带民事公益诉讼中作出由被告人承担环境修复责任所依据的是民事法律，而不是刑事法律，所以此种环境修复措施并不是刑罚意义上的环境修复措施。

（三）刑罚意义上的环境修复措施

刑罚是国家为了预防犯罪行为侵害合法权益，由法院依据刑事立法的规定，对犯罪行为人所适用的，具有剥夺性、限制性、最严厉性特点的强制措施。[4] 据此，刑罚应符合三个要素：一是法定性；二是对犯罪行为人具有剥夺性、限制性；三是具有强制性。依据以上三个特征，本书选取了部分具有代表性的环境刑事判决，对其中所适用的环境修复措施进行了分析，详情如表 7 所示。

---

[1] 梁云宝：《民法典绿色原则视域下"修复生态环境"的刑法定位》，载《中国刑事法杂志》2020 年第 6 期，第 22 页。

[2] 详见（2021）皖 1721 刑初 21 号安徽省东至县人民法院刑事附带民事判决书。

[3] 详见（2021）川 1922 刑初 17 号四川省南江县人民法院刑事附带民事判决书。

[4] 张明楷：《刑法学》（第 5 版），法律出版社 2016 年版，第 503 页。

表 7　刑事判决中环境修复措施刑罚性评述

案号	法律依据	判项中的环境修复措施	是否刑罚意义上的环境修复措施
（2020）苏0682刑初147号刑事判决书	裁判中没有明确	被告人范某某向本院预缴的生态修复费用人民币26 000元，用于生态环境修复	否
（2019）宁0402刑初697号刑事判决书	最高人民法院《关于审理破坏土地资源刑事案件具体应用法律若干问题的解释》第三条第（一）、（二）项	由被告人海某对毁坏的62.93亩土地进行修复，恢复到以前的地貌状态	是
（2020）桂1031刑初85号刑事判决书	《刑法》第三百四十条、《最高人民法院关于审理发生在我国管辖海域相关案件若干问题的规定（二）》第四条第一款第（四）项、第（五）项	被告人王某某、何某、罗某某、岑某所交纳的生态修复费共计人民币8 000元，依法用于渔业资源修复	否

　　表7第一个案例中的环境修复措施缺乏明确的刑事法律依据，并且被告人是自愿预缴生态环境修复费用，不具有强制性，因此，本书认为该刑事判决中的环境修复措施并不完全具备刑罚的三个要素，判决书中只是对被告人所预交环境修复费用的用途进行了明确，不能被认定为刑罚上的环境修复措施。第三个案例中的环

境修复措施虽然有明确的刑事法律指引，但因为该环境修复费用是被告人自愿预缴的，并不具备剥夺性和限制性的特征，只是明确该费用的用途，也不能认定为刑罚意义上的环境修复措施。只有第二个案例中的环境修复措施，同时具备了刑罚的法定性、剥夺性或限制性、强制性的特征，应被认定为具有刑罚意义的环境修复措施。

三、明确刑罚意义上环境修复措施附加刑化的合理性依据

（一）将环境修复措施定性为附加刑的价值

刑罚的目的在于惩罚和预防犯罪，刑罚应当与相应的犯罪类型相适当。所谓刑罚适当性，是指刑罚法规所规定的犯罪与刑罚，需要具有将某种行为作为犯罪的合理依据，并且所科处刑罚也应当与该犯罪行为具有均衡性。❶ 对某一类犯罪实施何种刑罚的处罚方式，是理论界和实务界一直在探讨的重要问题，我国刑罚的种类包括生命刑、自由刑和财产刑等种类，当前的刑罚以自由刑为主，即主要以剥夺自由的方式实现对犯罪的预防。然而，在环境犯罪领域，自由刑的弊端日益显现，出现了"重惩罚、轻修复"的不良后果。

对于环境犯罪而言，运用刑罚的强制性措施，对于已经被破坏的环境，已无意义或者收效甚微，更重要的是需要修复与补偿已经受到损坏的环境权益。从某种程度上而言，修复损害的环境要比纯粹的惩罚犯罪行为人有价值得多。❷ 例如，在破坏森林资源

---

❶ 何群、储槐植：《论我国刑罚配置的优化》，载《政法论丛》2018 年第 3 期，第 130 – 138 页。

❷ 王树义、赵小娇：《环境刑事案件中适用恢复性司法的探索与反思——基于 184 份刑事判决书样本的分析》，载《安徽大学学报（哲学社会科学版）》2018 年第 3 期，第 102 – 110 页。

犯罪中，过去的司法实践主要以判处自由刑、实刑为主，或者附带判处相应的罚金，然而这样的判决并没有对已被破坏的森林资源起到修复的作用，人们的直观感知仍是被破坏的森林资源导致水土流失，仍是荒山一片，林权所有人的权利没有得到有效的救济、环境的加害人难以回归社会、被损坏的森林没有得到有效的修复。法律效果和社会效果没有实现有机统一，这样的判决被认为是"一判三输"的判决。一方面是因为刑法中关于环境犯罪的刑事责任方式规定过于单一，另一方面是因为人们对于环境资源的价值存在认识上的误区，只看到环境的经济价值，没有看到其生态价值。可见，对于环境犯罪，如果只是对环境犯罪行为人判处相应的刑罚，是无法对被破坏的环境进行修复的，如果在刑罚的基础上判处相应的经济赔偿金，虽然在一定程度上可以补偿环境的经济价值，但是对于环境的生态价值仍难以补偿、难以修复。[1]

而附加刑的运用，可以针对不同的犯罪类型，配置不同的附加刑，可以在实现受损环境修复的情况下，杜绝环境犯罪人再犯，给潜在的犯罪人以警示。当前，环境犯罪的治理已经由事后治理为主转变为事前治理为主，环境刑事司法的理念也应该进行相应的调整，把"重惩罚、轻修复"转变为"惩罚与修复并重"，因此，对被告人判处刑罚的时候要更加注重对环境的修复，这种环境治理方式的转变使附加刑的价值得到了凸显，附加刑具有轻缓化和灵活性的特点，因此附加刑的运用，可以对潜在的环境犯罪产生威慑，限制犯罪人实施新的犯罪行为，能够较好地实现预防犯罪，实现修复受损环境的刑罚目的。附加刑的运用，还可以弥

---

[1] 张继钢：《风险社会下环境犯罪研究》，中国检察出版社2019年版，第229页。

补主刑的不足，避免刑罚过度严厉，使刑罚更具经济性。

（二）将环境修复措施定性为附加刑具有合理性

1. 环境修复措施不宜定性为主刑或非刑罚措施

当前，我国的刑罚种类包括主刑、附加刑和非刑罚措施，其中主刑由自由刑和死刑构成。附加刑，又被称为从刑。我国现行《刑法》第 34 条规定附加刑包括 3 个种类，分别是罚金、剥夺政治权利及没收财产，除此之外，驱逐出境作为特殊的附加刑内容，仅适用于不具有中国国籍的外国犯罪人。附加刑可以附加主刑适用或者单独适用，附加刑在刑罚体系中起到补充主刑适用刑罚方法的作用。❶ 附加刑是重要的刑罚处罚方式，对于构建环境刑罚体系具有重要作用。相对而言，非刑罚措施的种类形式较为多样化，❷ 但对于环境刑事犯罪其适用的方式并不多，仅赔偿经济损失可以适用于被判处刑罚的被告人，而且非刑罚处罚措施主要适用于因犯罪情节轻微不需要判处刑罚，并因此被免予刑事处罚的罪犯，其法律性质实际上是民事或者行政责任，民事责任如责令被告人赔偿经济损失、赔礼道歉、责令悔过等；行政责任如建议主管部门予以行政处分或者行政处罚。❸

从主刑、附加刑与非刑罚处罚措施的现有种类看，环境修复措施不属于自由刑和生命刑，且为了保持现有刑法体系的稳定性，也不宜将其定性为主刑。主刑的适用要具有普遍性，可以适用于

---

❶ 蔡鑫韵：《附加刑在环境犯罪适用过程中的回顾与前瞻》，载《聊城大学学报（社会科学版）》2018 年第 1 期，第 102 – 107 页。

❷ 《刑法》（2023 年修正）第三十七条规定："对于犯罪情节轻微不需要判处刑罚的，可以免予刑事处罚，但是可以根据案件的不同情况，予以训诫或者责令具结悔过、赔礼道歉、赔偿损失，或者由主管部门予以行政处罚或者行政处分。"

❸ 宁清同：《刑事生态修复责任初论》，载《深圳社会科学》2022 年第 1 期，第 96 – 125 页。

各类犯罪，显然，环境修复措施并不适用于所有的犯罪类型。主刑具有独立性，对于那些严重损害生态环境利益的被告人，如果仅判处环境修复的责任，其惩罚性不足以起到惩罚和预防的作用，因此，也不适宜将其定性为主刑。

那是否可以将环境修复措施定位为非刑罚处罚措施？从现有的环境刑事司法案例来看，被判处承担环境修复责任的被告人显然并不是因为犯罪情节轻微，而不被认定为犯罪，往往是因为犯罪情节较重，在被判处了自由刑的同时还被判处相应的环境修复责任。如在张某某滥伐林木罪一案中，● 被告人除被判处拘役四个月，缓刑六个月，并处罚金人民币 3 000 元外，还需要承担在原采伐地种植华山松 291 株，并保证全部存活的环境修复责任。从作者在"中国裁判文书网"搜集到的裁判文书可知，在 411 份裁判文书中，共有 722 个被告人，其中仅有 1 人被免除刑事处罚，其余被告人均被判处了刑罚。因为非刑罚处罚措施原则上主要适用于犯罪情节轻微、不认定为犯罪、不需要判处刑罚的被告人，所以不适用于严重的环境刑事犯罪，如果将环境修复措施定性为非刑罚处罚措施，这实际上不当限缩了环境修复措施适用的案件范围，不利于生态环境的修复，难以实现环境法益的保护。

2. 将环境修复措施定性为附加刑更为恰当

将环境修复措施定性为主刑或者非刑罚处罚措施不具备正当性依据，那么环境修复措施是否可以被认定为附加刑？在修复性司法理论的影响下，理论界和实务界对于刑法作用的认识发生了较大的转变，刑法不再以追求惩罚犯罪为唯一目标，修复性司法影响下的刑法观认为，在惩治环境犯罪的同时，应该尽可能地对

● 详见四川省通江县人民法院（2021）川 1921 刑初 99 号刑事判决书。

受损的生态环境进行修复，学者们认为将环境修复措施定位为附加刑，❶ 更加符合当前保护生态环境与惩治犯罪相结合的刑事司法价值导向。

附加刑具有从属性的特点，其功能主要体现在：对主刑的不足进行弥补、预防主刑的滥用和刑罚过剩、实行刑罚的特殊预防作用、实现刑罚的经济化。❷ 附加刑通常适用于以下两种情形，一是犯罪具有多重危害性，需要对被告人判处多种刑罚，从多方面消除犯罪的危害后果，以起到惩罚和预防的作用。例如，在程某新非法捕捞水产品罪一案中，❸ 被告人程某新被判处主刑拘役三个月，缓刑五个月，并处附加刑没收已扣押的捕鱼工具，责令被告人程某新修复渔业资源和水域生态环境，向捕捞水域增殖放流良种鲢鱼、鳙鱼等四大家鱼 527.7 千克（折合人民币 3 166.2 元）。在樊某某非法采矿罪一案中，❹ 被告人樊某某被判处主刑有期徒刑八个月，并处附加刑罚金人民币 3 万元，限被告人樊某某于本判决生效后三十日内赔偿生态环境修复费人民币 19.26 万元。二是某些犯罪情节较轻，适用主刑可能会导致量刑过重，但如果不判处刑罚又会放纵了犯罪，此时，为了实现罪责的均衡性，可以单独适用一种或几种附加刑。例如，在唐某华、李某文非法捕捞水产品罪一案中，❺ 被告人唐某华和李某文被分别判处罚金人民币 2 000 元，没收依法扣押的捕鱼工具 1 副，唐某华、李某文连带赔偿因非法捕捞水产品行为造成的财产损害即水生生物资源损害 3 880.8 元，生

---

❶ 宁清同：《刑事生态修复责任初论》，载《深圳社会科学》2022 年第 1 期，第 96 – 125 页。

❷ 王洪青：《附加刑研究》，华东政法大学 2008 年博士学位论文。

❸ 详见湖南省沅江市人民法院（2021）湘 0981 刑初 154 号刑事判决书。

❹ 详见湖南省南县人民法院（2021）湘 0921 刑初 31 号刑事判决书。

❺ 详见湖南省郴州市苏仙区人民法院（2021）湘 1003 刑初 330 号刑事判决书。

态环境损害即水生生物资源修复费用 3 880.8 元，共计人民币 7 761.6元。

综上，附加刑具有灵活性和补充性的作用，将环境修复措施作为一种附加刑，可以有效弥补主刑在惩治环境犯罪中的不足。在当前修复性司法理念指导下的刑事司法，对于环境犯罪的惩罚也应当充分体现刑法对环境的修复和保护作用，适用既具有惩罚性质和功能，又能够实现环境修复目的的刑事责任形式。在当前刑法体系下，将环境修复措施作为主刑或非刑罚措施都不具备合理性的条件下，将环境修复措施定性为附加刑，应该是最恰当的选择。

四、完善刑罚意义上环境修复措施作为附加刑的立法

（一）附加刑的域外立法考察

我国将刑罚分为主刑和附加刑，主要国家也对刑罚做了相同的区分，并明确了主刑和附加刑的种类和适用条件，本书选取了几个较典型的国家进行对比考察，详情如表 8 所示。

表 8　部分国家主刑与附加刑立法对比❶

国家名称	法律规定
中国	《刑法》第三十二条规定刑罚分为主刑和附加刑。第三十三条规定主刑的种类如下：（一）管制；（二）拘役；（三）有期徒刑；（四）无期徒刑；（五）死刑。第三十四条规定附加刑的种类如下：（一）罚金；（二）剥夺政治权利；（三）没收财产。附加刑也可以独立适用。第三十五条规定对于犯罪的外国人，可以独立适用或者附加适用驱逐出境

---

❶　王洪青：《附加刑研究》，华东政法大学 2008 年博士学位论文。

续表

国家名称	法律规定
日本	《日本刑法典》第九条规定："死刑、惩役、监禁、罚金、拘留和科料为主刑；没收为附加刑。"
瑞士	《瑞士联邦刑法典》第三章第一节之5即为附加刑，规定了不得担任公职、剥夺教养权和监护权、禁止执业和禁止经商、驱逐出境，以及禁止进酒店等附加刑
荷兰	《荷兰刑法典》第九条将刑罚分为主刑和附加刑，其中附加刑包括：(1) 剥夺特定权利；(2) 劳动改造；(3) 没收；(4) 公布判决。附加刑可以独立适用，也可以与主刑并处，还可以与其他附加刑并处
英国	英国刑法主刑包括监禁刑罚、非监禁刑罚中的社会刑罚、罚金及释放。监禁刑罚有终身监禁、有期监禁、青少年教养所的监禁、拘禁和培训令等；非监禁刑罚，包括社会刑罚、罚金、释放和没收财产等辅助性刑罚，其中社会刑罚主要有九种：缓刑、保护观察令、社区服务令、结合令、宵禁令、禁入令、护理中心令、监管令、行动计划令。主刑之外的辅助性刑罚即附加刑，包括没收财产、剥夺选举权和被选举权、剥夺三年驾驶权
美国	美国各州的刑罚主要有：死刑（有些州保留）、有期监禁、终身监禁、缓刑、受监督释放、赔偿、罚金、征收、没收、间歇监禁、社区监管、家庭拘禁、社区服务、社区监督、禁止持有武器、宵禁、通知被害人令、职业限制、否定毒品买卖者和毒品持有人的联邦权益等20种。其中附加刑为财产刑和资格刑，财产刑主要有赔偿、罚金、征收、没收、通知被害人令；资格刑有职业限制、否定毒品买卖者和毒品持有人的联邦权益、禁止持有武器

续表

国家名称	法律规定
俄罗斯	《俄罗斯联邦刑法典》第四十五条明确划分了主刑、附加刑，但是，该国刑法规定的主刑和附加刑并非绝对的，有些刑罚既可以是主刑，也可以作为附加刑适用，并通过立法将既可作为主刑又可作为附加刑的混合刑单独列出。附加刑包括：没收财产；剥夺专门称号、军衔、荣誉称号、职衔、国家奖励。但是罚金和剥夺担任一定职务或从事某种活动的权利既可作为主刑适用，也可作为附加刑适用

从表8部分国家关于主刑和附加刑的规定看，日本的主刑和附加刑种类相对较少，仅规定了一种附加刑，即没收。瑞士、荷兰、英国、美国、俄罗斯关于主刑和附加刑种类的规定相对要丰富、详细得多，而且各具特色，如《瑞士联邦刑法典》第五十五条规定将禁止进入酒店作为一项特殊的附加刑，这应该是与该国发达的旅游业有关，酒店被视为重要的活动场所而受到严格限制。各国对主刑和附加刑规定得比较详细，应该是为了便于法官在司法裁判中能够更加方便地直接适用法律的规定。

（二）对环境修复附加刑的立法完善建议

刑法的适用要经过三个不同的环节，分别是定罪、量刑及行刑。量刑在这三个环节中所起的作用是承前启后，可以促进罪刑调节得更加均衡。在以往相当长的一段时期，案件的定罪获得了实务界与理论界的重视，相对而言，量刑与行刑得到的关注度就没有那么高。[1] 目前，我国刑法中并没有关于环境修复措施的明确规定，各地法院在司法实践中对修复性刑罚措施的适用各不相

---

[1]　张苏：《量刑根据与责任主义》，中国政法大学出版社2012年版，第5页。

同，存在随意性大、标准不一、程序不规范等特点。本书认为，为了避免司法实践中修复性刑罚的随意性和不统一性，应该将环境修复措施规定在刑法中，避免因司法的随意性影响司法的权威。

1. 将环境刑罚辅助措施改造为附加刑

在我国的环境刑事司法裁判中出现了形式多样的环境修复措施，在现有的刑法体系下，并不能被视为是主刑或者是附加刑，本书认为这种环境修复措施具有较为浓厚的行政或者民事责任的色彩，可以视为是非刑罚辅助措施。本书在前文中已经论述，由于非刑罚辅助措施的特殊性，其适用的范围较狭窄，我国现行环境刑事司法实践中的非刑罚处罚措施实际上与外国刑法中环境类犯罪的保安处分相同，并不具有刑罚的性质，不能够完全覆盖所有的环境犯罪类型，在已经被认定为犯罪，又不至于是重罪的情况下，其单独适用显然不符合现有的规定，只有将非刑罚辅助措施转化为附加刑，其单独适用才具有正当的法律依据。

有学者提出了将非刑罚辅助措施进行刑罚改造的建议，❶ 即非刑罚处罚措施的附加刑化，一是可以确保被告人在受到制裁时立即作出停止侵害环境的行为；二是可以避免因行政机关基于其他不当原因继续纵容违法犯罪人实施危害环境的行为；三是可以减少执法环节，降低执法成本；四是环境修复类非刑罚措施的附加刑化，对那些认罪态度好，又能够通过自己的劳动修复环境的轻型犯罪人判处环境修复的附加刑，可以实现惩罚与环境修复的双重目标。

---

❶ 蒋兰香：《环境犯罪基本理论研究》，知识产权出版社 2008 年版。

2. 环境修复附加刑的种类选择

在环境刑事司法实践中，出现了种类多样的环境修复措施。为了发挥刑法的威慑与强制功能，本书认为在对非刑罚处罚修复措施附加刑化前应该进行一定的甄别和选择，选取具有代表性、操作性强的非刑罚环境修复措施附加刑化，方便法院在裁判中直接适用，而不需要再向行政机关提出司法建议，可以在一定程度上防止行政机关因为懈怠或者疏忽使刑罚辅助措施无法落实、形同虚设。[1] 本书对环境刑事司法实践中不同环境修复方式的适用情况进行了考察，在中国裁判文书网上对 2021 年在判项中运用了环境修复措施的裁判文书进行了检索，在高级检索中设置检索条件：全文检索，判决结果（判项）为"修复"，检索案由为"破坏环境资源保护罪"，法院层级为"全部"，案件类型为"刑事案件"，文书类型为"判决书"，审判程序为"刑事一审"，裁判日期为"2021 年 1 月 1 日—2021 年 12 月 31 日"，经过人工筛选，最终得出符合条件的有效判决文书 411 份。详情如表 9 所示。

表 9　环境刑事司法实践中不同环境修复方式类型的适用情况

环境修复措施名称	案件数（件）	百分比（%）
缴纳、赔偿生态修复费用	234	56.94
增殖放流	98	23.84
补种复绿	34	8.27
土壤修复或土地复垦	24	5.84
第三方代履行	8	1.95
环境公益劳动或劳务代偿	7	1.70

---

[1] 蒋兰香：《环境刑罚辅助措施研究》，载《河南省政法管理干部学院学报》2008 年第 3 期，第 55－64 页。

环境修复措施名称	案件数（件）	百分比（%）
修复污染环境	5	1.22
替代修复	1	0.24

从表9可知，环境修复措施的种类中采取缴纳、赔偿生态修复费用方式的案件所占比重较大，案件数量为234件，占56.94%，可见，在环境刑事司法实践中，多数案件采取了金钱修复方式。其次是增殖放流、补种复绿、土壤修复或土地复垦，排名前4位的环境修复方式案件总数为390件，占比95%，涵盖了大多数的环境刑事案件。本书认为，这与进入司法程序的案件类型有关，从前文可知，在411份裁判文书中，排名前5名的罪名分别为非法捕捞水产品罪、滥伐林木罪、非法采矿罪、非法狩猎罪、非法占用农用地罪，共计361件，占比87.83%，这些类型的案件更偏重于适用前4种修复方式。

从环境刑事司法实践中不同环境修复措施的运用情况来看，本书建议选取具有代表性、可操作性强的前4种非刑罚的环境修复措施附加刑化，理由如下：一是因为这4种非刑罚的环境修复措施比较容易量化，可操作性较强，方便后续执行和监督；二是这4种非刑罚的环境修复措施在司法实践中适用的案件范围较广，可以涵盖司法实践中大多数的环境刑事案件；三是这4种非刑罚的环境修复措施适用的程度较高，司法机关在环境刑事司法的过程中已经积累了较为丰富的司法实践经验；四是可以适用以上4种非刑罚环境修复措施的案件大多为非严重型的环境犯罪，单独适用环境修复附加刑并不会导致量刑过轻，造成罪刑不均衡。基于以上几点原因，本书认为，对部分非刑罚的环境修复措施附加刑化，具备正当性和合理性。

3. 增设环境修复附加刑的资格刑

在某些国家有着比较丰富的资格刑种类，❶ 相较而言，我国的资格刑种类则比较少，在刑法中只规定了一项资格刑，即对罪犯剥夺政治权利，有比较浓厚的政治色彩，并且种类也比较单一，无法满足规制包括环境犯罪在内的各类犯罪的需求，因此完善我国环境刑罚中资格刑的体系，制定与环境犯罪相适应的资格刑是当务之急。❷ 在环境刑事犯罪中，犯罪自然人或单位利用其自身合法的职业外表或者资格从事违法犯罪行为，对于该类行为，按照现行的刑法规定，只能判处单位相应的罚金刑，难以实现预防犯罪的功能。因此，针对利用自身的合法职业或者资格从事违法犯罪行为的犯罪自然人或者单位，应该设置相应的资格刑，剥夺其在一定期限内从事相应工作或者业务的资格，可以实现预防犯罪的作用。❸

---

❶ 《俄罗斯刑法典》第二百五十条规定："使地表水或地下水、饮用水源受到污染、堵塞和枯竭，或以其他方式使水的自然性质发生改变，如果这些行为使动物界、植物界、鱼类资源、林业或者农业遭受重大损害的，处数额为最低劳动报酬100倍至200倍或被判处1个月至2个月的工资或其他收入的罚金，或处5年以下剥夺担任一定职务或者从事某种活动的权利。"参见黄道秀：《俄罗斯联邦刑法典释义》，中国政法大学出版社2000年版，第685-686页。《越南刑法典》在分则第17章破坏环境罪中的所有犯罪中都规定可以判处"在1至5年内禁止担任一定职务、从事一定的行业或者工作"的刑罚。参见《越南刑法典》，米良译，中国人民公安大学出版社2005年版，第81-85页。《意大利刑法典》第19条所规定的重罪的资格刑包括剥夺公职、禁止从事某一职业或技艺、法定禁治产、禁止担任法人和企业领导职务、剥夺与公共行政部门签约的权能、消除职务或劳动关系、剥夺或停止行使父母权；违警罪的资格刑包括停止从事某一职业或技艺、停止担任法人和企业的领导职务。参见黄风译注：《最新意大利刑法典》，法律出版社2007年版，第12页。
❷ 高铭暄、郭玮：《论环境犯罪附加刑的目的、价值与完善》，载《甘肃社会科学》2021年第1期，第93-99页。
❸ 蔡鑫韵：《附加刑在环境犯罪适用过程中的回顾与前瞻》，载《聊城大学学报（社会科学版）》2018年第1期，第102-107页。

对环境犯罪主体判处刑期和罚金，可以起到惩治和预防作用，但是对于具备特定从业资格的犯罪人而言，判处刑期和罚金并不能从根本上杜绝其再犯的可能性，所以，在环境刑罚的设置上，可以借鉴外国的做法，在刑法中增设与环境犯罪相匹配的资格刑，资格刑对于环境犯罪而言，具有特殊的预防作用。❶ 对于环境犯罪的自然人和单位可以从以下三个方面设置相应的资格刑附加刑：一是增加关于限制或者剥夺犯罪人从事相关职业的资格刑，该类资格刑的刑罚对象包括自然人和单位。对于自然人罪犯，可以设置剥夺或者限制其在一定期限内从事一定工作，或者担任一定职务的资格；对于单位犯罪人，可以在特定的期限内限制其经营的范围或者注销其营业的资格，以防止有些单位利用其合法的法人主体地位，再次实施犯罪。对于具备特定从业资格的犯罪主体，法院会在判决中明确规定，在特定的时期内，禁止其从事特定的业务，或者对其从事某种职业的资格予以剥夺。如在常熟市钱某某、葛某某污染环境一案中，❷ 二被告人除被法院判处相应的刑期和罚金之外，还被法院判处在缓刑考验期内禁止从事某项经营活动，或从事某种职业。与此同时，资格刑的设置也会对潜在的行业犯罪者形成强大的心理压力，使其在从事经济活动的过程中，

---

❶ 资格刑是将危险性较高的罪犯与社会隔离开来的有效措施，其不仅可以在一定程度和范围内满足社会对犯罪恶害的报应情感，还可以满足预防犯罪的需要。参见邓文莉：《刑罚配置论纲》，中国人民公安大学出版社 2009 年版，第 145 – 146 页。

❷ "被告人钱某某因犯污染环境罪除分别被判处有期徒刑一年六个月，缓刑二年，并处罚金人民币 1 万元，被告人葛某某犯污染环境罪，判处有期徒刑一年六个月，缓刑二年，并处罚金人民币 1 万元，法院同时判处禁止被告人钱某某、葛某某在缓刑考验期内从事金属制品的生产、销售及相关活动。资格刑的作用在于剥夺犯罪人在一定期限内从事特定的职业，将犯罪人与特定环境相隔离，从而实现抑制犯罪的目的。"详见江苏省常熟市人民法院（2018）苏 0581 刑初 1899 号一审刑事判决书。

能够权衡经济利益与损害后果之间的利弊，进而调整相应的行为。二是增加要求单位歇业并进行整改的责任。该类刑罚所要处罚的对象是单位。对于在生产的过程中实施危害环境资源的单位，可以在判处罚金的情况下，判处违法单位在相应的期限内进行歇业并采取整改的措施，在整改之后，由相应的主管部门对其进行整改验收，只有达到了相应的标准之后，才可以重新营业，以防止某些单位在缴纳罚金后继续危害环境。三是增设强制关闭企业刑，❶ 永久限制或者禁止严重犯罪的单位犯罪人从事或经营特定的业务。该类刑罚所针对的处罚对象是单位，对于实施严重环境犯罪的单位，如果危害的后果严重，或者是多次环境犯罪且屡教不改的，对其判处强制关闭的刑罚，从根本上杜绝犯罪的可能，但因该类刑罚对于单位而言极其严厉，在司法实务中要谨慎适用。

　　资格刑是对企业或者个人从事某项生产活动资格的剥夺，对于企业而言，在日益激烈的市场经济竞争中，如果被剥夺某种从业资格，这种惩罚比被判处罚金更具威慑力。对于个人而言，被判处资格刑，意味着今后将不能再从事某项领域的工作。对于被限制或者剥夺了相应从业或营业资格的自然人或单位，应该同时将其犯罪的情况纳入征信系统，借此引导市场投资向绿色产业发展，实现国民经济健康、可持续发展，发挥事前预防环境犯罪的作用。❷ 当前市场经济本质上是信用经济，如果某个企业或者个人被剥夺了某种资格，会对该企业或者个人的信誉造成极大的不良影响，影响其社会信用评价和社会形象，这是对企业或者个人无

---

❶ 石艳芳：《我国环境犯罪刑事规制的检视与完善》，载《中国人民公安大学学报（社会科学版）》2021 年第 4 期，第 95 – 101 页。

❷ 徐本鑫、刘彩群：《环境犯罪非刑罚处罚措施的适用问题研究》，载《江西理工大学学报》2019 年第 4 期，第 26 – 33 页。

形资产的损害。❶ 因此，相对于判处罚金或者自由刑而言，剥夺某种从业资格，更加有助于犯罪行为人的自我悔过，更加有利于凝聚社会公众的环保共识，从而提升公众对刑事司法的信赖度。❷ 可见，对于特定行业的自然人或单位而言，通过判处资格刑的附加，剥夺犯罪人的某种生产经营资格，使其遭受经济和信誉的双重打击，这种惩罚更加具有精准打击性，更加有利于抑制环境犯罪，其所取得的刑罚效果也更加明显。

五、规范化环境修复措施作为附加刑的适用条件

关于已转化为附加刑的环境修复措施，应该如何适用，本书认为应该从以下四个方面去考察和衡量。

（一）适用的环境犯罪案件类型

环境修复附加刑应当根据案件的不同类型和性质，选择适用不同的类型，对于其附加刑的适用应考虑以下两个因素：一是可以单独适用于轻罪。对于犯罪情节相对较轻，没有造成严重后果的犯罪，被告人可以采取环境修复的措施对环境进行修复，此时，应该优先适用环境修复附加刑，尽量避免对被告人判处自由刑，一方面可以避免因为被告人被判处自由刑，而无法通过自身的劳动对环境进行修复，另一方面也可以避免因为监禁造成相互传染，不利于罪犯的改造。因此可以避免因为过度适用短期自由刑而产生上述问题，以充分发挥环境刑罚在惩治与预防犯罪方面的作

---

❶ 高铭暄、郭玮：《论环境犯罪附加刑的目的、价值与完善》，载《甘肃社会科学》2021 年第 1 期，第 93－99 页。

❷ 安然：《"宽严相济"视域下资格刑的价值新探与制度设想——以环境犯罪的防控为中心》，载《东疆学刊》2014 年第 2 期，第 25－29 页。

用。❶ 二是在重罪中的附加适用。对于造成严重环境损害的被告人，法院在判处刑罚的同时，可以附加对其判处相应的环境修复责任。环境修复措施附加刑的适用不应该将重罪排除在外，因为即使对被告人判处了较重的刑罚，如果环境最终并没有得到修复，环境刑罚的目的就不能被认为已经完全实现。

（二）环境法益受到了损害

保护环境法益是刑法的任务之一，当今各国刑法已经将环境法益作为独立的法益加以保护，保护环境法益是追究生态犯罪人刑事责任的首要目的和根本宗旨。❷ 环境修复附加刑的运用，其目的在于惩治环境犯罪的同时可以实现对环境的有效修复，因此，环境修复附加刑的适用，应符合以下两个条件：首先，被告人的行为已经对生态环境利益造成了实质性的损害。其次，所造成的环境损害已经达到了严重的程度，触犯了环境法益，依法应该追究刑事责任。因为刑法包含了保护环境法益的功能，保护环境法益是刑法的当然要义，追究被告人的环境修复责任，对其科处相应的环境修复附加刑，就是要求其对受到非法损害的生态环境系统进行修复，因此，当侵害环境法益的行为已经造成了严重后果，对被告人需要判处刑罚时，也应当科处相应的环境修复附加刑。

（三）受损环境法益具备可修复性

环境系统具有其自身的特殊属性和规律性，受损的环境是否能够修复并不完全取决于人的意志，对环境的修复首先要遵循环境的客观规律，也要考虑当前的科技水平，考虑环境修复的必要

---

❶ 蔡鑫韵：《附加刑在环境犯罪适用过程中的回顾与前瞻》，载《聊城大学学报（社会科学版）》2018 年第 1 期，第 102 - 107 页。

❷ 宁清同：《刑事生态修复责任初论》，载《深圳社会科学》2022 年第 1 期，第 96 - 125 页。

性和可行性。一是环境修复的必要性。环境具有为特定人群提供生存空间、维系生物多样性等作用，如果因为被告人的行为给原来生态环境的功能和价值造成了损害，影响了环境功能和价值的发挥，就应该对这种损害进行修复，以保护特定人群的身心健康，并维系生物多样性。但是因为环境具有自我修复的功能，如果所造成的环境损害不大，可以通过环境自我调节功能，实现环境的自我修复，则应该尊重环境的自我修复规律，避免人为修复对环境造成二次伤害。只有在确实需要人为修复时，才判处被告人承担环境修复的责任。二是环境修复具备可行性。在修复性司法理念的指导下，区分环境是否可以修复是判处被告人承担何种刑事责任的重要参考依据，因此，是否对被告人判处环境修复的附加刑，还应当考虑受损的环境是否具备修复的可能性。因为受损的环境是否具备修复可能性，影响的主要因素有环境损害的程度、所受到的损害类型、环境修复的时间和成本、现有修复技术等。是否判处被告人承担环境修复的附加刑，主要还是要考虑受损环境在客观上是否能够修复，如果在现有技术条件下，修复的经济成本和时间成本过高，导致实际不可修复时，相当于已经形成了无法完全修复的、永久性的生态环境损害。此时如果仍判处被告人履行环境修复的责任，其意义已经不大。德国和奥地利的刑法对环境的不可修复也做了相应规定。❶ 因此，在环境受到损害的刑事犯罪中，如果环境尚有修复的可能性，应该判处被告人承担环境修复的附加刑，如果受损的环境已经不可修复，则应该判处其他替代性刑罚。

---

❶ 张继钢：《环境犯罪的复合责任》，载《经济与社会发展》2018 年第 2 期，第 1 - 6 页。

（四）犯罪行为人具有实施生态修复的能力

罪责自负是刑罚的基本原则之一，罪责自负的目的在于让犯罪行为人承担由自己的行为造成的不利后果，犯罪行为人是唯一承担刑事责任的人，其他人不能代替，也就是说任何人都要对自己的犯罪行为承担责任。[1] 在刑事司法过程中，司法机关只能对犯罪行为人追究刑事责任，不应当将这种责任转嫁于任何其他人或者组织。在环境修复附加刑的选择上，应当优先考虑选择行为性修复措施，尽可能地让犯罪行为人直接参与环境修复的过程。如果犯罪行为人因为环境犯罪需要承担环境修复的责任，应当由其本人亲自实施环境修复，才能让其亲身感受到刑罚的惩治性和严厉性，发挥刑罚教育、感化、震慑及预防犯罪的作用。因此，在判处环境修复附加刑时，还需要考虑犯罪行为人是否具备环境修复能力，包括劳动能力和技术水平等因素，尽可能选择与犯罪行为人能力相匹配的环境修复附加刑。

第三节　刑罚中环境修复措施的合理化运用

一、提高刑罚中环境修复措施的利用率

在修复性司法理念的指导下，环境修复措施得以在刑事司法实践中运用和推广，但是从上文作者在"中国裁判文书网"搜集到的相关裁判文书可知，司法实践中仍有较大一部分案件没有运用环境修复措施，尤其是在污染型的环境犯罪案件中，环境修复

---

[1]　张明楷：《刑法格言的展开》，法律出版社 1999 年版，第 81 页。

措施的适用仅约为20%，高达80%的案件并没有运用环境修复措施，大量的环境污染案件中，虽然被告人被判处了刑罚，但环境损害依然没有得到救济。为了发挥刑法保护生态环境的作用，应从以下两个方面着手。

（一）环境修复措施应普遍适用于环境刑事案件中

从目前刑事犯罪总的发展趋势来看，环境修复措施适用的案件类型逐渐多样化，适用范围也在不断扩大。环境类犯罪整体而言并非严重的刑事犯罪，故刑法设置环境犯罪的法定刑也相对较轻。其原因主要有以下五个方面：一是从总体上来看，与其他犯罪相比较而言，环境犯罪的主观恶性相对较小，以较轻的刑罚加以规制，符合刑罚罪、责、刑相适应的基本原则；二是与传统的刑事犯罪相比较而言，环境犯罪的道德基础没有那么稳固，公众对环境犯罪的伦理谴责感没有那么强烈，如果对环境犯罪人判处重刑违背公众的犯罪认同意识；三是环境类犯罪通常是伴随经济发展二次产生的，具有积极与消极两面性，如果对环境犯罪的处罚过重，会对经济的发展造成阻碍；四是刑罚控制环境犯罪的效果具有有限性，因此不能过分依赖刑罚对环境犯罪的惩戒作用，更不能寄希望于通过刑罚多样化的种类和严苛的程度来彻底消灭环境犯罪；五是轻刑化已经成为世界环境刑法的发展趋势和潮流，我国的环境犯罪刑罚也应该积极融入和顺应这种发展趋势和潮流。❶ 所谓刑罚的轻刑化，是指在刑罚的适用过程中，对被告人判处相对较轻的刑罚种类和刑期。❷ 环境修复措施在环境刑事司法中

---

❶ 蒋兰香：《环境犯罪基本理论研究》，知识产权出版社2008年版，第114页。
❷ "所谓轻刑化是指实际表现为以相对较轻的刑罚对付和应付犯罪，以及倡导以尽可能轻的刑罚来惩罚和控制犯罪的刑事政策，具体表现为刑罚体系中惩罚总量的降低，轻刑、缓刑、假释的广泛适用。"参见马登民、张长红：《德国刑事政策的任务、原则及司法实践》，载《政法论坛》2001年第6期，第145页。

的运用，与环境犯罪轻刑化的发展趋势相契合。因此，本书认为，对于环境修复措施在环境刑事犯罪中的适用，不应该以刑期的长短和案件的类型为判断依据，而环境修复措施可以普遍适用于所有的环境刑事犯罪案件类型。

环境修复措施的运用，是修复性司法在刑事司法中的体现，在对修复性司法的案件适用类型进行研究时，过去有些学者认为修复性司法仅应该适用于未成年人犯罪、轻型犯罪、自诉等案件中，认为对于已经造成严重后果的刑事犯罪，并不存在修复性司法可以适用的空间。在联合国文件《关于在刑事事项中采用恢复性司法方案的基本原则》中，❶ 对适用修复性司法的条件作了规定。基于此，有学者指出，适用修复性司法程序应至少具备以下两个条件：一是加害人自己的有罪答辩；二是被害人与加害人双方自愿同意适用。❷ 所谓自愿，特指在选择适用修复性司法时，被害人与被告人双方都是基于自身意愿自由作出同意适用的决定，没有受到强迫；所谓明知，是指被害人与被告人在选择适用修复性司法时，对于该程序的启动、适用过程及由此形成的后果是明确知晓的。从世界范围上看，所有践行修复性司法程序的国家，都将犯罪行为人的自愿认罪和坦白设定为启动和解的必要前提。因为，只有基于犯罪行为人的认罪态度和被害人的和解意愿，双方坦诚相待，才有可能促成双方达成共识，形成最终的修复方案，

---

❶ 《关于在刑事事项中采用恢复性司法方案的基本原则》第八条规定："只有在有充分证据指控罪犯及受害人和罪犯自由和自愿同意的情况下，才能适用恢复性程序。受害人和罪犯在程序期间应可以随时撤回这类同意。协议应自愿达成，并只载列合理而相称的义务。"联合国文件：《关于在刑事事项中采用恢复性司法方案的基本原则》，载王平主编：《恢复性司法论坛（2005 年卷）》，群众出版社2005 年版，第 512 页。

❷ 甄贞、陈静：《建设和谐社会与构建刑事和解制度的思考》，载《法学杂志》2004 年第 4 期，第 13－15 页。

并且实现主动履行。❶ 本书认为，是否适用修复性司法不应该以案件是否造成严重后果为判断的依据，而应该看是否存在修复的可能性，而是否存在修复的可能，需要综合案件的特殊性进行研判，一是征求各方的意见，赋予各方当事人，尤其是受害人更大的自主选择权；二是对修复的可能性进行预评估；三是对修复的成本进行权衡。如果加害人与被害人协商一致选择适用修复性司法，且损害的后果存在可修复的可能性，只要该种协商没有侵害国家以及他人合法利益，并且没有违背社会的公序良俗，纵使是在已经造成严重后果的情况之下，也可以适用修复性司法对案件进行处理，因此，本书认为修复性司法不应局限于未成年人犯罪、轻刑犯罪和自诉等案件，而是可以适用于所有的案件类型，据此，环境修复措施作为修复性司法运用于环境刑事司法实践的载体，对其在刑事司法中的运用，也不应该过多地加以限制。

（二）环境修复措施应贯穿于环境刑事诉讼全过程

环境修复措施应该运用于环境刑事犯罪的哪个阶段？从司法实践来看，环境修复措施可以被运用于行政执法、审查起诉、司法裁判阶段，其中在行政执法的过程中运用环境修复措施的比例较高，这主要是因为行政机关具有行政执法的权力，专业性也较强，在执法过程中可以发挥其专业性，更容易制订符合环境客观规律的环境修复方案，选择适用最合适的环境修复措施。环境修复的措施实施得越早，环境越早能够得到修复，环境的修复效果

---

❶ "只有坦诚相待，真实地讲出事情的原因、经过和结果，不回避、不隐瞒、不歪曲、不推卸，才能与被害人及社区成员形成相互信任的氛围，激发出相互合作的愿望，才能进一步达成有建设性的犯罪解决方案并确保全面及时地履行。因此，犯罪人的坦诚相待是犯罪人——被害人和解制度的最重要因素，不容舍弃。"参见宋英辉：《恢复性司法程序之思考》，载《现代法学》2004年第3期，第32页。

也越好。因此，行政执法、审查起诉、司法裁判几个阶段中，后一个阶段的环境修复都是对前一阶段的补救和补位。

　　不同的环境修复措施适用的阶段有所差异，有些环境修复措施仅能在量刑阶段适用，而有些国家为了保持法律的整体性，禁止在某些阶段适用环境修复措施。就我国而言，学者们大多数认为环境修复措施适用关于环境刑事犯罪的全过程，有学者认为对于环境修复措施的适用，不应该拘泥于形式的要求，只要是具备适用的条件，自犯罪行为发生后至刑罚执行完毕的全过程，在任何阶段都应该积极适用环境修复措施。❶ 还有学者认为可以将修复性司法确定为刑事诉讼的一种精神和原则，使之贯穿于刑事诉讼的全过程。❷ 以此指导环境修复措施的适用，但是要根据案件所处的每个不同阶段，对环境修复措施的运用进行准确的定位。根据案情的需要，在案件侦查起诉阶段，检察机关可以把被告人履行环境修复责任作为一项不提起诉讼，或者是附条件不提起诉讼的考量因素；在案件的审理阶段，如果案件审理时证据确实充分，被告人确已构成犯罪，应该判处有罪判决的，可以把履行环境修复责任及履行程度作为对被告人适用缓刑或者从轻量刑的法定或酌定情形；而在案件执行阶段，可以把环境修复责任的履行情况作为对罪犯给予减刑或者假释的重要依据。

二、构建合理化的环境修复目标

　　实现环境修复的目标是环境修复法律责任及制度的核心内容，因为环境修复目标体现的是多重利益主体间博弈的结果，所以，

---

❶ 彭海青:《恢复性司法初探》，载《中国刑事法杂志》2004年第3期，第83-91页。
❷ 陈光中:《刑事和解的理论基础与司法适用》，载《人民检察》2006年第10期，第5-7页。

为了制定公正、客观、合理的环境修复目标，需要对多种因素进行综合考量。❶ 在适用环境修复责任时，法院应该综合考虑在现有的技术条件下对受污染和破坏的环境进行修复是否具有可能性和可行性。具备修复可能性和可行性的，可以判令被告人承担环境修复的责任，如果修复不具有可能性和可行性，或者修复的成本明显不具有经济性的，法院应当判决被告人采取异地修复，或者是向被害人支付环境修复费用等方式，用以替代性地对环境进行修复。然而，环境是否能够修复，其涉及复杂的技术性、具有很强的专业性，并不是所有的法官都具备这样的专业判断能力，所以，需要制定完善的机制进行保障，否则极容易造成认定上的偏差，有学者认为环境修复方案具有"相对性"的特点，体现了对环境修复标准的承上作用，以及对具体的修复个案的启下作用。可以说，制定与个案相符的环境修复方案，是环境修复目标能否实现的重要因素。

（一）明确环境修复的刑事法律地位

1. 明确环境修复为附加刑

目前环境修复的法律依据主要存在于《民法典》等法律中，《刑法》中并没有相关的规定，环境修复的刑事法律地位、环境犯罪的独立性并没有得到法律的明确规定，因此司法实践中环境修复措施的运用备受争议。鉴于此，本书认为应采取以下措施：一是在《刑法》上对环境犯罪的独立性地位进行确认，明确环

---

❶ "环境修复目标是环境修复法律责任和制度的核心，是多重利益主体之间博弈的结果，为了更好地协调环境修复目标的法律性与现实性的关系，环境修复目标的制定，需综合考虑环境质量标准、环境污染风险防控、污染场地的后续开发利用性质、受影响群体的诉求、经济及技术的可得性等因素。"参见李挚萍：《环境修复目标的法律分析》，载《法学杂志》2016 年第 3 期，第 1 - 7 页。

境修复为附加刑。环境利益是一种新型的法益，品格独立、内容也比较丰富，涉及的内涵较广、涉及的利益主体也较多。[1] 人们对环境法益的关注度正与日俱增，对其重要性和独立性的认识也日益增强，《刑法修正案（八）》对《刑法》第三百三十八条进行了修改，表明立法者对环境法益给予了肯定，但是在环境犯罪的客体构成要件中，还无法区分采用的是环境法益还是传统的经济法益，司法实践中环境刑事犯罪主要还是以人身和财产的损失为实质的客体要件。因此，将来在对刑法进行修订时，应在刑法中明确环境法益的独立性。二是把环境修复当作刑罚处罚的一种方式。有学者建议我国应借鉴域外有关刑法立法的方式，[2] 将环境修复当作一种刑罚处罚的方式，并建议对《刑法》第三十七条进行完善，[3] 将环境修复的相关内容纳入刑法规制的范畴，并进一步明确环境修复的相应法律定位，才能让环境修复措施的运用有法可依。

2. 规范并统一环境修复名称

我国环境刑事司法实践中环境修复名称种类繁多，各地的裁

---

[1] 焦艳鹏：《刑法生态法益论》，中国政法大学出版社 2012 年版，第 263 页。

[2] 意大利刑事立法中对环境犯罪规定的刑事处罚措施中，刑罚有监禁加罚金，行政处罚有罚款和违法案件的严重程度成比例，补充措施有暂停营业、损害赔偿和恢复原状。荷兰刑事立法中对环境犯罪规定的刑事处罚措施有罚金、监禁、免除特定权利、关闭企业、没收、公布裁判结果、没收非法所得、对受害者补偿、完成未完成活动、修复违法损害等。［荷兰］迈克尔·福尔、［瑞士］冈特·海因主编：《欧盟为保护生态动刑：欧盟各国环境刑事执法报告》，徐平、张浩、何茂桥译，中央编译出版社 2009 年版，第 15 页。

[3] 将第三十七条修改为"对犯罪情节轻微不需要判处刑罚的，可以免予刑事处罚，但是可以根据案件的不同情况，予以训诫或者责令具结悔过、赔礼道歉、赔偿损失、进行生态修复，或者由主管部门给予行政处罚或者行政处分。"参见蒋兰香：《生态修复的刑事判决样态研究》，载《政治与法律》2018 年第 5 期，第 134 - 147 页。

判选择各异，影响了裁判尺度的统一性，给司法实践带来了困惑。在"环境修复"没有明文确定为刑罚的处罚方式之前，建议最高法和最高检对环境刑事犯罪出台相关的司法解释，对环境修复的运用进行司法解释，规范各类环境修复的名称以及适用的情形，以实现环境刑事司法领域环境修复措施运用的统一性。

在我国环境刑事司法实践中，关于修复性刑罚措施的运用早已有之，然而相关的法律却没有关于修复性刑罚措施的规定，呈现出理论滞后于实践的特点。直到 2016 年，最高法在相关的规定[1]中，指出要把绿色发展的理念贯穿到环境资源的审判工作中，最大化地对环境进行修复。有学者认为这标志着现代环境刑事司法理念的确立，并以"刑事—妨害社会管理秩序罪—破坏环境资源保护罪"为关键词，在相关裁判文书网上进行了对比检索，对特定年份的环境资源类案件进行了考察，对这些案件适用修复性措施的案件情况进行了分析。[2] 结果显示，修复性的刑罚措施在我国环境刑事司法中的应用已经较为广泛，而立法的滞后影响了司法实践的发展，应该适时对法律进行修改，完善修复性刑罚措施在实体法和程序法上的规定，为司法实践提供可靠的理论指引。

---

[1] 最高人民法院在《关于充分发挥审判职能作用为推进生态文明建设与绿色发展提供司法服务和保障的意见》中指出："将绿色发展理念作为环境资源审判的行动指南，统筹适用刑事、民事、行政责任，最大限度修复生态环境。"

[2] "在'中国裁判文书网'和'威科先行·法律信息库'中进行对比检索，对 2015—2017 年三年的破坏环境资源保护罪的判决书进行统计，得出适用了恢复性措施的案件共计 1906 件，在 1906 个样本中，适用了恢复性措施的案件排前六位的分别是非法占用农用地罪 680 件、非法捕捞水产品罪 546 件、滥伐林木罪 318 件、污染环境罪 140 件、盗伐林木罪 84 件、非法采矿罪 67 件。"参见李挚萍、田雯娟：《恢复性措施在环境刑事司法实践中的应用分析》，载《法学杂志》2018 年第 12 期，第 109－121 页。

（二）确定环境修复目标方案的选择

环境修复具有情况复杂、专业性强、技术性难度大等特点，法官往往并不具备专业的环境科学知识，因此在环境修复方案的选择上，不能像传统案件那样给出一定的参考方案，环境修复方案的确定高度依赖司法鉴定，❶ 司法实践中，环境修复方案的确定主要存在以下三种模式。

1. 环保部门或检察机关出具的鉴定报告

该类环境损害和环境修复的鉴定报告主要分为两种情形：一是环保行政机关提供的鉴定报告。在日常履职过程中，行政机关对于发现的环境违法行为，可以基于其行政执法的职权，自行对环境污染或生态破坏造成的损害采取评估鉴定的措施，或者委托其他鉴定机构对损害结果和污染情况进行评估鉴定，但该机构需具有相应的资质。由此作出的鉴定报告，行政机关可以作为证据移交相关的检察机关，并作为诉讼的证据，这种鉴定报告在环境刑事诉讼中，如果没有相反的证据，则可以以此确定环境修复方案，并以此确定环境修复费用。❷ 二是检察机关提供的鉴定报告。检察机关在案件侦办过程中，可以根据案情的需要委托鉴定机构对环境损害进行鉴定，并根据损害的程度出具环境修复的方案。例如，在杨某某、杨某某、董某某、马某某非法采矿罪一案中，❸法院就是将检察机关提供的生态环境损害评估报告书作为认定各被告人承担环境修复费用的依据。

---

❶ "环境司法中形成对鉴定结论高度依赖，刑事、民事、行政案件莫不如此。"参见浙江省温州市中级人民法院课题：《环境司法的困境、成因与出路》，载《法律适用》2014 年第 6 期，第 82－85 页。

❷ 胡卫：《环境侵权中修复责任的适用研究》，法律出版社 2017 年版，第 213 页。

❸ 芜湖市镜湖区人民法院（2019）皖 0202 刑初 240 号刑事判决书。

2. 由法院委托鉴定机构出具环境修复方案

前述一种鉴定报告主要发生在损害发生后至案件起诉至法院之前，由法院委托出具的鉴定报告主要发生在诉讼过程中，往往是法院在综合全案之后委托鉴定机构作出的，这种鉴定方案权威性较高，该报告中包含了环境修复方案以及环境修复应该采取的措施，只要被告人没有提供证据对修复方案的科学性、有效性、合理性及可行性进行反驳，那么该方案就成为法院裁决被告人承担环境修复责任的依据。可以由鉴定机构出具单一的鉴定报告，提供唯一的环境修复方案或者是环境修复治理措施，也可以由鉴定机构出具两种以上的方案供选择，以克服因为单一方案的僵化、局部或片面性局限，便于找到更适合的环境修复方式。

3. 由被告人提出环境修复的方案

环境修复分为行为人自行修复、第三方机构代履行、行为人支付相应的环境修复费用等诸多形式。❶ 由被告人自动履行环境修复义务，将环境无害化并恢复原状是最为传统的环境修复方式。在被告人提出修复方案后，法院再组织专家及各方当事人对被告提出的方案进行论证，如果该方案被认定为是合理可行的，则会被采纳，反之，则由法院组织各方重新选定鉴定机构出具新的环境修复方案。

（三）确定环境修复目标要兼顾现实性与前瞻性

无论是行政部门自己出具的或者是委托鉴定机构出具的环境修复方案，还是由被告人提出环境修复的方案，环境修复目标的确定都要充分考虑以下两个客观因素。

---

❶ 胡卫：《环境侵权中修复责任的适用研究》，法律出版社 2017 年版，第 214 页。

1. 兼顾现状与未来发展趋势

环境目标的确定，既要遵循现有的环境质量标准，也要兼顾环境未来标准的发展趋势，要充分考虑现有的技术和条件，既不能制定难以实现的目标，也不能制定过于保守的目标，环境修复目标的确定要有适当的前瞻性，避免因为现有标准过低对环境修复不够，而达不到环境修复的目的，也不能脱离实际制定难以完成的标准，使其沦为一纸空文。

2. 土地资源的修复要考虑现状及修复后的用途

对于城镇或者城镇周边的土地，其修复后再次被利用的可能性较大，因此在制定对该类资源的环境修复时，要充分考虑土地的现状及其未来用途制定相应的修复目标和方案，并根据国家和政府的规划及时调整修复方案。江苏省无锡市中级人民法院的判决❶体现了对环境修复的前瞻性并对可能出现的情况作了预测，既顾及了环境的现状，也兼顾了未来发展趋势，其做法非常值得肯定。

（四）确定环境修复目标要体现专业性与公众参与性

对环境修复目标的期望值，不同主体之间会出于自身利益的考量，期望值也会有所不同，且差异较大，❷ 因此环境修复目标的确定除了体现专业性之外，也要体现公众参与性，以实现不同主

---

❶ "吴某某、L村委于本判决生效后三个月内对堆放在涉案荚白地东北侧的淤泥进行清理处置，恢复涉案土地的种植功能，并向本院提交农林、国土、环保部门的监测报告。经监测符合种植条件后，L村委不得造成新的污染，遇有国家规划调整土地用途的，须立即书面报告本院，经本院许可后采取符合规划要求的环境修复措施。"详见江苏省无锡市中级人民法院（2013）锡环民终字第1号民事判决书。

❷ 李挚萍：《行政命令型生态环境修复机制研究》，载《法学评论》（双月刊）2020年第3期，第184－196页。

体之间利益的平衡。2015 年修订的《环境保护法》第五十三条❶
对公民的环境知情权、公民的环境参与权以及公民的环境监督权
进行了进一步的明确，这体现了公众环境权益取得了重大进步。❷
公众参与所体现了公众监督权与环境信息获取权的实现，有助于
政府环境管理水平的提高。公众参与环境修复目标的确定，也更
加有利于协调不同主体对环境修复目标之间利益的平衡，因此环
境修复目标的确定应该体现公众参与的程序。

1. 环境修复目标的确定应体现专业性

环境修复目标的专业性主要是体现在专家参与对环境修复目
标的制定、质疑与修正。司法实践中专家主要是通过以下两种方
式参与诉讼：一是由一方当事人申请，以"具有专门知识的人"
的身份出现在庭审过程中，代表一方当事人对环境修复的方案进
行说明，接受对方的质证。二是由法院向专家咨询，对于专家的
咨询意见，法院综合全案的事实和证据，再确定是否采纳专家的
意见，此时专家的身份是"审判辅助人"。第一种情形是依据民事
诉讼法和证据规则予以质证的过程；第二种情形是法院依职权查
明案件事实、确定专业问题，向专家寻求技术、知识和专业的支
持。❸ 环境修复过程的专业性、复杂性、技术性决定了环境修复目
标的确定往往要借助专家的专业知识，这也是环境修复目标科学
性、可行性的体现。

---

❶ 《环境保护法》(1989 年 12 月 26 日第七届全国人民代表大会常务委员会第十一
次会议通过，2014 年 4 月 24 日第十二届全国人民代表大会常务委员会第八次会
议修订) 第五十三条规定："公民、法人和其他组织依法享有获取环境信息、参
与和监督环境保护的权利……"

❷ 袁杰主编：《中华人民共和国环境保护法解读》，中国法制出版社 2014 年版，第
187 页。

❸ 胡卫：《环境侵权中修复责任的适用研究》，法律出版社 2017 年版，第 216 页。

2. 环境修复目标的确定应体现公众参与性

环境修复与公众存在切身的利益关系，在环境修复的过程中公众的参与非常必要。因此，环境修复目标的确定应体现公众参与性，主要体现为在环境修复目标制定的过程中要征求公众的意见，允许公众对环境修复的目标提出个人的改进意见。在司法实践中主要存在以下两种模式：一是无锡法院的做法，该模式的做法是原、被告经协商之后，将环境修复的方案向利益相关的公众进行公示，如果公示期满，公众对环境修复的方案没有提出异议，经法院审查同意后，被告人则按照该环境修复的方案对环境进行修复，该模式中被告人实际履行了对环境的修复义务。二是常州法院的做法，由法院将环境修复的方案向利害相关的公众进行公示，如果公众提出异议，则将环境修复的方案交第三方进行修订，最终由被告人支付环境修复的相关费用。比如，在常州市环境公益组织诉储某某、常州市 B 公司等环境污染一案中，❶ 就是采用了这种做法。

三、分类制定科学的环境修复标准

（一）合理区分环境质量标准和环境修复标准

环境质量与环境修复的认定标准不同，合理区分二者的不同才能更好地确定环境修复的标准。所谓环境质量，是以人类的需

---

❶ 该案法院以公众意见作为重要参考，并结合案情最终确定了环境修复方案，要求常环环境科技有限公司（简称"常环公司"）按照环境修复方案提供鉴定意见，常环公司向法院提供了《常州市 B 物资再生利用有限公司场地环境污染损害评估技术报告》。报告结论为按照法院确定的环境修复方案，环境修复需支付 2 830 700 元。参见江苏省常州市中级人民法院（2014）常环公民初字第 2 号民事判决书。

求为评定标准的，反映的是一种是否宜人、宜居的状态，❶ 是对环境从整体上进行的总体评价。环境质量评定的要素包括大气、水、土壤等，对以上要素进行衡量的标准就是环境质量标准。❷ 环境修复标准是指环境的清洁目标，或者是清洁标准，需要借助一定的手段和技术使环境达到符合人体健康的要求，并不再对环境构成威胁的状态。❸ 环境质量标准体现的是客观性，环境修复标准更多体现的是人体的主观感受，即环境修复后是否达到了"宜人"的状态，因此，在对环境进行修复时，要把环境视为一个有机联系的整体，通盘考虑生态环境、社会、文化等多个方面的问题，重视环境目标的实现。❹

（二）环境修复标准的差异化考量

由于环境损害具有不可逆性，环境被污染之后，想要恢复原状很难实现，有时即使能够恢复，其所经历的恢复过程，也可能会间接地对其他环境造成新的污染或破坏，如果将这些因素考虑在内，可以认为环境被污染或破坏之后，几乎很难实现真正意义

---

❶ "所谓环境质量是指环境的优劣程度，是对人类的生存和繁衍以及社会发展的适宜程度，是反映人类的具体要求而形成的对环境评定的一种概念。"参见周启星等：《土壤环境基准/标准研究需要解决的基础性问题》，载《农业环境科学报》2014 年第 1 期，第 1 – 14 页。

❷ "该标准是对环境整体性状态的一种评述。根据环境的要素，环境质量包括大气环境质量、水环境质量、土壤环境质量等，衡量环境质量的标准即为环境质量标准。"参见胡卫：《环境侵权中修复责任的适用研究》，法律出版社 2017 年版，第 206 页。

❸ "环境修复标准是指由技术和法律所规定的、确立的环境清洁水平，通过生态修复或利用各种技术手段，使环境中污染物的浓度降到对人体健康和生态系统不构成威胁的、技术和法规可接受的水平，即清洁目标、清洁标准。"参见周启星等：《土壤环境基准/标准研究需要解决的基础性问题》，载《农业环境科学报》2014 年第 1 期，第 1 – 14 页。

❹ 李挚萍：《环境修复法律制度探析》，载《法学评论》（双月刊）2013 年第 2 期，第 103 – 109 页。

上的恢复原状。❶ 因此，对于环境修复，不能片面地将其理解为
"原有状态"，而应该结合环境损害的性质、科学技术的发展现状、
人类的身体健康与生命安全等诸多因素等，以此来进行分门别类
的确定环境修复的程度和标准。❷ 有学者认为，所谓环境标准是指
一种规范，人体健康的维系、生态平衡的维护应该成为环境修复
标准的基本遵循。❸ 从总体上而言，环境标准可以分为三个等级，
分别为国家标准、行业标准与地方标准。❹

1. 侵害私人权益的环境修复需要符合国家标准

对私人环境权益造成侵害的，司法实践中多以环境质量作为
环境修复的标准。对于私人环境权益造成的侵害，容易导致生命
和财产损害，其修复的标准，主要是以符合人体健康和安全为标
准。❺ 对于环境污染的修复，对于污染物控制要符合国家标准，这
是最低的要求。例如，在南宁市 P 村八组与南宁市冶炼厂之间的
环境污染责任纠纷一案中，❻ 法院在判决中认定，环境修复的标准
需达到国家相关规定并且需要经环保部门监测确认合格。

2. 侵害公共权益的环境修复需达到最低的环境功能状态

对于公共环境权益造成的损害，司法实践中的做法主要是将
环境修复至最低的环境功能状态，使环境无害化。因为环境受损
后恢复原状几乎难以实现，所以，环境修复只能是一种相对的状
态，综合考虑受损环境将来的功能和用途等因素来进行修复。在

---

❶　常纪文、陈明剑：《环境法总论》，中国时代经济出版社 2003 年版，第 325 页。
❷　王灿发主编：《环境法学教程》，中国政法大学出版社 1997 年版，第 134 – 135 页。
❸　黄锡生、李希昆：《环境与资源保护法学》，重庆大学出版社 2011 年版，第 126 页。
❹　施志源：《环境标准的法律属性与制度构成——对新〈环境保护法〉相关规定的解
　　读与展开》，载《重庆大学学报（社会科学版）》2016 年第 1 期，第 159 – 163 页。
❺　胡卫：《环境侵权中修复责任的适用研究》，法律出版社 2017 年版，第 209 页。
❻　详见广西南宁市中级人民法院（2001）南市经终字第 323 号民事判决书。

司法实践中，最受欢迎的环境修复措施是异地修复以及替代性修复，这种修复方式并不局限于把对环境的直接修复作为目标，而是考虑环境的整体性，以环境的总量平衡为考虑的落脚点，因为在受损环境难以修复的情况下，耗费巨额的成本和精力得不偿失，不如异地修复更加实在，更有意义。❶ 环境修复标准的确定应该采取差异化的标准，不应该采取"一刀切"的统一修复标准，将环境修复至原状，这是不可能也是不现实的，因此，环境修复标准应兼顾国家标准、行业标准，综合考虑私人利益和公共利益。

四、合理运用刑罚中各项经济性环境修复措施

环境刑事司法裁判中环境修复措施的运用弥补了自由刑的不足，环境修复措施的运用被认为是一种司法实践创新，但因为其适用没有统一的标准，各地的司法实践各异，主刑和附加刑之间，各种经济性环境修复措施的使用存在不合理现象，不当加重了被告人的责任，为了规范刑事责任与环境修复措施的运用，本书认为应该平衡以下两个方面的关系。

（一）主刑与附加刑要体现公平正义

法院的裁判应该合理平衡刑罚量刑与环境修复之间的关系。主要是平衡主刑、附加刑和环境修复措施之间的关系。如果被告人能积极主动地履行环境修复的责任，及时缴纳罚金、赔偿各项经济损失，就应该在量刑上给予轻判；如果被告人有履行环境修复的能力，但怠于履行其责任，又拒绝赔偿经济损失的，可以在

---

❶ 昆明和贵阳等地在水源保护地或生态环境脆弱地开辟了"环境公益诉讼林"，作为环境修复"替代性修复"和"异地补植"的基地。参见袁学红：《构建环境公益诉讼生态修复机制实证研究》，载曾晓东、周珂主编：《中国环境法治（2013年卷•下）》，法律出版社2014年版，第155页。

主刑和附加刑上加重判决。如江苏省法院就采取了这样的量刑方式，将刑事量刑的轻重与环境修复效果的好坏相结合。❶ 有些地方则以司法政策的形式，将环境修复的履行情况作为量刑参考的依据。❷

（二）合理运用各种经济性处罚措施

1. 环境修复措施中的经济性处罚措施及处罚模式

有学者将司法实践中的环境修复措施进行了总结，种类较为丰富，形式也呈现多样化的特点。❸ 为了合理运用各种经济性的处罚措施，在裁判的模式上可以采取"主刑加罚金刑""主刑加赔偿损失""主刑加赔偿损失加环境修复"的模式。❹ 在判处经济处罚时要考虑被告人的经济承受能力，兼顾环境修复的后续执行，避免让被告人在承担了巨大的经济责任后，还要承担巨额的环境修复费用。违背客观事实的判决只会形同虚设，不但后期难以执行，

❶ "江苏省镇江市京口区人民法院在审理非法占用农用地案件时，将刑事责任的轻重与耕地恢复的效果相结合。"参见王晓红：《环境资源审判：为生态江苏提供强有力司法保障》，载《新华日报》2017 年 2 月 8 日。

❷ "四川省高级人民法院 2016 年 9 月 20 日公布的《关于加强环境资源审判工作服务我省绿色发展意见》明确规定了在依法审理破坏环境资源犯罪案件时，补种复绿、增殖流放等环境资源恢复行为将纳入被告人的量刑情节予以考虑。"参见蒋兰香：《生态修复的刑事判决样态研究》，载《政治与法律》2018 年第 5 期，第 145 页。

❸ "修复性刑罚措施包括：货币性措施、行为性措施、协议性措施三类，其中货币性措施包括：交纳生态修复资金、交纳生态修复保证金、赔偿生态环境修复费用；行为性措施包括：补种复绿、增殖放流、土地复垦、土壤修复、第三方代履行、环保公益劳动、其他行为性措施；协议性措施包括：签订生态修复协议、签订生态修复协议并交纳保证金、签订生态修复承诺书、制定生态修复方案等。"参见李挚萍、田雯娟：《恢复性措施在环境刑事司法实践中的应用分析》，载《法学杂志》2018 年第 12 期，第 109 – 121 页。

❹ 蒋兰香：《生态修复的刑事判决样态研究》，载《政治与法律》2018 年第 5 期，第 134 – 147 页。

还会影响判决的权威性。

2. 完善罚金刑的处罚标准

环境犯罪是一种贪利性的犯罪，通常获得经济利益是行为人的主要动机和目的，所以，对环境犯罪人判处相应的罚金能够实现对该类犯罪的遏制作用。❶ 罚金刑的完善对于遏制环境犯罪具有特殊的作用。当前，我国司法实践中，主要以犯罪情节的轻重作为处罚环境犯罪的重要依据，而罚金制具有抽象性，处罚的标准不明确，不利于司法实践中的执行。因此，有的学者认为，环境犯罪的罚金制的处罚模式应该兼顾"抽象罚金制"和"比例罚金制"的结合。❷ 即既要兼顾犯罪获利的情况，也要兼顾犯罪的情节，综合考量犯罪人实施犯罪所采取的手段和所适用的方法，以及犯罪人实施犯罪时的主观恶性大小和犯罪所造成的实际损失情况等。罚金刑介于获利金额的百分之五十至百分之二百之间，综合考虑犯罪人的主观恶性和获利情况，考虑到犯罪人除了需要承担罚金刑，还需要承担自由刑，罚金刑采用上述处罚原则与罪、责、刑比较相适应。罚金刑采用该种模式的优点在于，可以更明确地制定处罚的标准，也能够更明确地限定处罚的范围，兼顾处罚的原则性和灵活性，能够避免抽象性罚金模式下，法官自由裁量权过分失控而导致的刑罚失衡，该种罚金刑模式对犯罪的具体

---

❶ "环境犯罪是一种贪利性的犯罪，行为人犯罪的动机和目的在于获得经济上的利益，罚金刑的适用对于环境犯罪而言属于对症下药。"参见张明楷：《外国刑法纲要》，清华大学出版社1999年版，第389页。

❷ 具体以犯罪分子通过实施犯罪行为所获取的经济利益（案件中如无法查证获利数额，可根据生产、销售金额乘以利润率估算获利数额）作为罚金的基本数额，根据犯罪情节作出基本数额百分之五十以上、百分之二百以下的处罚。参见张波：《我国环境犯罪附加刑立法完善》，载《法学研究》2016年第11期，第86-91页。

情节进行了充分的考虑，可以更好地控制法官行使自由裁量权的尺度。除此之外，对于不可修复的环境损害，要利用"虚拟治理成本"❶的方法对损失进行计算，因司法实践中对"虚拟治理成本"的评估鉴定要求较高，因此，要进一步完善刑事案件鉴定机构部门的资质审核，进一步明确鉴定机构的职责，为法院在环境犯罪罚金刑量刑的过程中提供科学合理的参考依据。

3. 变通罚金刑的执行形式

现在有对环境犯罪人判处罚金刑罚的趋势，罚金刑应用的范围也越来越广，但是罚金刑的执行一直存在"执行难"的问题，执行难不仅是对司法裁判权威性的损害，而且浪费了宝贵的司法资源，为世人所诟病。罚金刑的易科制度对于破解执行难，或许能起到良好的促进作用。所谓罚金刑的易科制度，是指犯罪人在没有正当理由的情况之下，拒不缴纳相应的罚金，或者是没有缴纳罚金的能力，此时法院可以变通执行的方式，用自由刑或者其他刑罚的方式代替罚金刑的执行的一种制度。罚金刑易科制度的优势在于能够对拒不执行缴纳罚金责任的犯罪人形成强大的心理压力，也使确实没有能力缴纳罚金的犯罪人能够以罚金以外的方式履行其补偿环境的责任，使环境正义能够得到真正的落实，不让罚金刑判决成为一纸空文。

4. 没收财产刑的完善

对犯罪人判处没收财产刑，对犯罪人而言，这种刑罚的结果

---

❶ 原环境保护部在《推荐方法（第Ⅱ版）》附录A第A.2.3条中专门规定了虚拟治理成本法，并且明确该方法"适用于环境污染所致生态环境损害无法通过恢复工程完全恢复、恢复成本远远大于其收益或缺乏生态环境损害恢复评价指标的情形"；换言之，虚拟治理成本法主要适用于生态环境损害不可修复时损害额的鉴定评估，在生态环境损害鉴定评估中得到了广泛运用。参见刘畅：《虚拟治理成本法的司法运用研究》，中山大学2020年博士学位论文。

比较严苛，主要适用于贪利刑的犯罪中，环境犯罪作为一种主要以贪利为目的的犯罪，对该类案件的犯罪人适用该类刑罚措施，具有较强的震慑作用。我国当前已经进入风险社会，环境风险是所有风险中比较重要的一种，环境公害事件频繁发生，如天津港爆炸、松花江水污染等事件。有学者认为，鉴于发生环境污染的风险增大，造成的后果严重，潜伏的期限也较长，建议在污染环境罪这一主要应对环境公害的罪名中，增加没收财产刑，以提高预防和打击环境犯罪的力度，该学者同时认为，没收财产刑具有极大的严厉性，应该对其适用的范围和条件进行严格的限制，以避免被不当扩大适用。❶

五、均衡刑罚中的自由刑与环境修复措施

（一）缓刑与实刑的合理化适用

对于判处被告人承担环境修复责任的案件，若非必要，尽量不要判处实刑，因为判处实刑期间不方便外出，会给后期带来执行上的困难，也有可能会造成被告人无法实际履行刑事责任，将本应由其承担的刑事责任，不当转嫁到其亲友身上，如此，是对罪责自负原则本意的违背。❷ 可以判处由被告人承担环境修复费用的方式，代替其实际履行环境修复责任。目前司法实践中也认识到了判处实刑与实际履行之间的矛盾，主要以判处代履行的方式

---

❶ 高铭暄、郭玮：《论环境犯罪附加刑的目的、价值与完善》，载《甘肃社会科学》2021 年第 1 期，第 93 - 99 页。

❷ "如果犯罪的概念要有惩罚，那么实际的罪行就要有一定的惩罚尺度。实际的罪行是有界限的。因此，就是为了使惩罚成为实际的，惩罚也是应该有界限——要使惩罚成为真正的犯罪的后果。惩罚在罪犯看来应该是他的行为的必然结果——因而也应该是他本身的行为。"参见陈兴良：《刑法哲学》，中国政法大学出版社1992 年版，第 289 页。

让被告人承担环境修复的责任，但仍有部分法院未认识到这一点，建议最高法出台相关的司法解释，对该问题进行明确，以便形成统一的司法裁判标准。

从本质上而言，刑罚中的惩罚措施具有报复性的意味，是利用一种恶去惩罚另一种恶，在某种程度上对犯罪能够起到威胁与抑制的作用，但是刑罚如果适用不当会造成适得其反的后果，影响深远。❶ 历史实践证明，严刑峻法并不能从根源上消除犯罪，相反地，严刑峻法反而会使犯罪分子变本加厉，不断升级犯罪，正因为如此，在人类社会发展从野蛮走向文明的进程中，一直在不断地消除和削减刑罚原有的残酷与严厉。❷ 因此，在环境刑事司法过程中，要合理运用和完善附条件不起诉、社区矫正制度、资格刑等一系列刑罚处罚方式，实现惩罚犯罪和环境修复的双重目标，这也是刑罚轻缓化的一种具体体现。

（二）合理运用附条件不起诉

1. 附条件不起诉和被不起诉的异同点

不起诉被认为是检察机关的一项权力。❸ 法律将不起诉分为三类：一是法定不起诉，又被称作绝对不起诉，即只要具备如下任

---

❶ ［意］贝卡利亚：《论犯罪与刑罚》，黄风译，中国大百科全书出版社1997年版，第46页。

❷ 狄小华：《复合正义和刑事和解》，载王平主编：《恢复性司法论坛（2005年卷）》，群众出版社2005年版，第123页。

❸ "不起诉，是指人民检察院对公安机关侦查终结移送起诉的案件和自行侦查终结的案件进行审查后，认为犯罪嫌疑人的行为不符合起诉条件，而依法作出的不将犯罪嫌疑人提交人民法院进行审判、追究刑事责任的一种处理决定。其性质是人民检察院对自己认定的不应追究、不需要追究或者无法追究刑事责任的犯罪嫌疑人所作的一种诉讼处分，其效力是在审查起诉阶段终止诉讼，确认犯罪嫌疑人行为无罪。"参见冯美殿等：《和谐语境中的刑罚轻缓化研究》，中国政法大学出版社2011年版，第289页。

一种情形，❶ 检察机关就会根据案情的需要对犯罪嫌疑人不再提起诉讼。二是酌定不起诉，实践中又有人把它称为相对不起诉，也有人称为微罪不起诉，检察机关在案件的侦查起诉阶段，对案件进行审查，如果发现案件中犯罪人的罪行比较轻微，可以决定对犯罪人不提起公诉，这是检察机关的自由裁量权，在该类案件中，案件中已经具备了对犯罪嫌疑人提起公诉的条件，但是因为犯罪人在实施犯罪的过程中，犯罪的情节轻微，可以对其采取刑罚以外的惩罚措施，就不再对其提起诉讼，以免除对其采取刑罚措施。三是起诉证据不足的不起诉，也有人把它称为存疑不起诉，在案件侦查的过程中，如果经过了法定的侦查期限和侦查次数，检察机关仍然认为起诉的证据不充分的，将不再对犯罪嫌疑人提起公诉。

"附条件不起诉"又被称为"暂缓起诉"，是指检察机关可以在相关法律的规定范围内，依据案件的实际情节，暂缓对犯罪嫌疑人不提起公诉的一项制度，❷ 该项制度是检察机关行使公诉权的处分权，对犯罪嫌疑人而言，其现实结果是确认犯罪人无罪。❸ 在附条件不起诉中，案件中要求所附的条件，通常情况下是在限定的时间范围内，犯罪嫌疑人要适当履行相应的义务，例如，向被

---

❶ 《刑事诉讼法》（2018年修正）第十六条规定："有下列情形之一的，不追究刑事责任，已经追究的，应当撤销案件，或者不起诉，或者终止审理，或者宣告无罪：（一）情节显著轻微、危害不大，不认为是犯罪的；（二）犯罪已过追诉时效期限的；（三）经特赦令免除刑罚的；（四）依照刑法告诉才处理的犯罪，没有告诉或者撤回告诉的；（五）犯罪嫌疑人、被告人死亡的；（六）其他法律规定免予追究刑事责任的。"
❷ 樊崇义主编：《刑事起诉与不起诉制度研究》，中国人民公安大学出版社2007年版，第644页。
❸ 冯美殿等：《和谐语境中的刑罚轻缓化研究》，中国政法大学出版社2011年版，第291页。

害人进行赔礼道歉，赔偿被害人的损失，德国法律也有相应的规定。❶ 要求犯罪嫌疑人必须要在特定的场所提供相应的劳务，只有犯罪嫌疑人已经完全、适当地履行了规定的义务之后，检察机关才会终止对其提起诉讼，诉讼程序至此终结，与之相反，如果犯罪嫌疑人所履行的义务不完全或者不适当，检察机关会再次启动向犯罪嫌疑人提起诉讼的程序。综上所述，附条件不起诉并非诉讼的终结程序，而只是诉讼被暂时中止了，最终是否会再次启动对犯罪嫌疑人的诉讼程序，由检察机关根据犯罪嫌疑人所履行义务的实际情况来确实。但是从司法实践来看，大多数情况下，只要满足了特定的要求，犯罪嫌疑人最终就没有被提起公诉。对于部分罪犯而言，他们被免除了刑罚，部分案件得以通过非刑罚的方式进行了处理。附条件不起诉与酌定不起诉不同，前者是附条件暂缓不起诉，仍然存在被起诉的可能性，其处理的结果并不是终局性的，适用于应该被起诉的案件，其所适用案件类型的罪刑比酌定不起诉要重；后者是无条件的不起诉，是一种终局性的决定，所适用的案件类型罪行较轻，检察机关可以起诉，也可以不起诉。另据《刑事诉讼法》规定，❷ 针对未成年人犯罪案件，在特定条件下可以适用"附条件不起诉"。在我国未成年案件是适用附

❶ 《德国刑事诉讼法》第一百五十三条a规定："经负责开始审理程序的法院和被指控人同意，检察院可以对轻罪暂时不予提起公诉，同时要求被告人：①作出一定的给付，弥补行为造成的损害；②向某公益设施或国库交付一笔款额；③作出其他公益给付；④承担一定数额的赡养义务。以这些要求，责令适当弥补追究责任的公共利益，并且责任程度与此相称为限。"转引自崔丽萍：《附条件不起诉制度在我国建立的必要性分析》，载《新乡学院学报》2009年第2期。
❷ 《刑事诉讼法》（2018年修正）第二百八十二条第一款规定："对于未成年人涉嫌刑法分则第四章、第五章、第六章规定的犯罪，可能判处一年有期徒刑以下刑罚，符合起诉条件，但有悔罪表现的，人民检察院可以作出附条件不起诉的决定。人民检察院在作出附条件不起诉的决定以前，应当听取公安机关、被害人的意见。"

条件不起诉的主要案件类型，对于未成年人案件中的不起诉也规定了考验期限。❶《刑事诉讼法》规定，❷ 未成年犯罪嫌疑人在附条件不起诉的考验期内，只要能够做到遵纪守法，在考验期满结束之后，检察院也不会将案件中的未成年人再次提起公诉。

2. 附条件不起诉的意义

附条件不起诉的积极意义主要体现在以下四个方面：（1）有利于对犯罪嫌疑人进行教育，对其进行感化和挽救，发挥刑罚特殊预防的作用。附条件所适用的案件类型主要是未成年人犯罪、老年人犯罪，其结果是犯罪嫌疑人能够以自己的实际行动积极履行赔偿被害人损失的义务，主动诚恳地向被害人赔礼道歉，如此，检察机关将不再向犯罪嫌疑人提起公诉，给犯罪嫌疑人一次重新改过的机会，可以避免犯罪嫌疑人因被判处刑罚而被贴上"罪犯"的标签，更加有利于犯罪嫌疑人重新回归正常的社会生活。（2）有利于化解社会中各种复杂的矛盾，构筑更加和谐的社会。附条件不起诉体现了国家公权力对于广大社会公众私权利的尊重，对广大社会公众的人文关怀、对犯罪嫌疑人的宽恕的一种体现，有利于化解纠纷、消除矛盾，使原本因犯罪行为所损害的各种社会关系得到更加快速和有效的修复，以减少社会矛盾，构

---

❶ "目前我国刑事犯罪领域附条件不起诉的适用范围仅限于未成年人犯罪，对未成年人犯罪嫌疑人附条件不起诉的前提是即使暂缓不起诉也不会产生其他危害社会的效果，而且在考验期间内必须遵守一定的规定。"《刑法》（2020 年修正）第七十三条规定："拘役的缓刑考验期限为原判刑期以上一年以下，但是不能少于二个月。有期徒刑的缓刑考验期限为原判刑期以上五年以下，但是不能少于一年。缓刑考验期限，从判决确定之日起计算。"

❷《刑事诉讼法》（2018 年修正）第二百八十三条第三款规定："被附条件不起诉的未成年犯罪嫌疑人，应当遵守下列规定：（一）遵守法律法规，服从监督；（二）按照考察机关的规定报告自己的活动情况；（三）离开所居住的市、县或者迁居，应当报经考察机关批准；（四）按照考察机关的要求接受矫治和教育。"

建更加和谐的社会。（3）有利于节约有限的司法资源，提高案件的诉讼效率。在当前"案多人少"、司法资源极其紧张的司法背景之下，如果对案件的类型不加区分地全部纳入司法程序，显然会加大检察机关和法院的办案压力，不利于审判质效的提高。如果根据案件的危害程度大小，对不同的案件进行类型化分流，在案件的审查起诉阶段分流部分案件，可以极大地减轻法院和检察机关的工作负担，这既是对司法资源的节约，也是对审判质效的提高。（4）与刑罚轻缓化的国际化发展趋势相适应，体现了我国宽严相济的刑事政策。当前，刑罚轻缓化逐渐为各国所认可和推崇，在追诉犯罪的过程中，更加注重人文关怀，在诉讼阶段的附条件不起诉制度体现了刑罚轻缓化的国际趋势，附条件不起诉在我国司法实践中的运用，契合了国际化的发展趋势，也充分体现了我国宽严相济的刑事政策。2006年最高检出台的《关于在检察工作中贯彻宽严相济刑事司法政策的若干意见》，❶ 明确了刑罚的适用要宽严适当，附条件不起诉制度是我国宽严相济的刑罚政策的体现。

3. 附条件不起诉在环境刑事犯罪中的适用

在附条件不起诉这一制度中，限定在一定的期限内，由犯罪嫌疑人完成相应的事项，这是修复性司法理念中积极修复受损的各种关系的体现，同时也符合诉讼经济的原则，有效缓解了当前我国司法资源紧缺的矛盾，也体现了对人权的保障作用，该项制度在实施的过程中，也获得了良好的司法效果和社会效果。美中

---

❶ 2006年最高人民检察院出台的《关于在检察工作中贯彻宽严相济刑事司法政策的若干意见》规定："在依法履行法律监督职能中实行区别对待，注重宽与严的有机统一，该严则严，当宽则宽，宽严互补，宽严有度，对严重犯罪依法从严打击，对轻微犯罪依法从宽处理。"

不足的是，在我国的司法实践中，附条件不起诉制度适用的案件范围还不够广，其主要适用于犯罪情节相对轻微的刑事案件，以及未成年人犯罪刑事案件中，这些规定没有能充分发挥该制度的作用，使该制度设立的初衷尚难以实现。与未成年人犯罪案件相比，环境类刑事案件与之有许多相似之处，两者都倡导适用修复性的司法理念，都倡导注重对被破坏关系的修复，因此，本书认为，应该将附条件不起诉的案件范围扩大至环境类刑事案件中，并且对于附条件不起诉的主体也不应限定于未成年人，而应该推广至所有人。当然，对于具体的附条件不起诉的情形仍应该作具体的规定，明确环境犯罪案件附条件不起诉的案件类型和范围。

（三）社区矫正制度的完善

1. 如何正确看待社区矫正制度

《司法行政机关社区矫正工作暂行办法》第二条❶规定，所谓社区矫正制度，是一种由法定的国家机关根据法院的裁判对罪犯的行为和思想进行矫治的制度，社区矫正是我国刑罚体系中重要的组成部分，其被认为是一国刑罚从野蛮走向文明的体现。《关于开展社区矫正试点工作的通知》❷对社区矫正制度进行了相应的阐释，社区矫正制度被认定为是一种非监禁的刑罚执行方式，该通

---

❶ 《司法行政机关社区矫正工作暂行办法》第二条规定："社区矫正是指将符合社区矫正条件的罪犯置于社区内，由专门的国家机关在相关社会团体和民间组织以及社会志愿者的协助下，矫正其犯罪心理和行为恶习，促进其顺利回归社会的非监禁刑罚执行活动。"

❷ 最高人民法院、最高人民检察院、公安部、司法部出台的《关于开展社区矫正试点工作的通知》规定："社区矫正是与监禁矫正相对的行刑方式，是指将符合社区矫正条件的罪犯置于社区内，由专门的国家机关在相关社会团体和民间组织以及社会志愿者的协助下，在判决、裁定或决定确定的期限内，矫正其犯罪心理和行为恶习，并促进其顺利回归社会的非监禁刑罚执行活动。"

知对社区矫正的意义进行了总结，并给予了肯定评价。❶ 本书认
为，我国的社区矫正制度与修复性的司法理念具有很多相通之处，
修复性的司法理念倡导对罪犯判处非监禁的刑罚，期望罪犯在判
处非监禁刑的同时，对环境进行修复，对被害人进行赔偿，修复
受损的社会关系及生态环境。社区矫正制度主要是通过借助专门
的国家机关，以及其他社会团体的力量，积极对罪犯的行为及心
理进行干预，对罪犯进行矫正，可以使罪犯能够尽快顺利实现再
社会化的一种非监禁型的刑罚执行活动，该制度被认为是行刑社会
化与经济化的体现，社区矫正对于预防和控制犯罪具有积极的意义。

2. 将环境修复纳入社区矫正考核的内容

2012 年最高人民法院、最高人民检察院、公安部、司法部联
合制定了《社区矫正实施办法》，❷ 对罪犯在社区矫正期内需要履
行的义务、行为规范等作了详细规定，从以上规定可见，现行社

---

❶ 最高人民法院、最高人民检察院、公安部、司法部出台的《关于开展社区矫正试
点工作的通知》将开展社区矫正的作用总结为以下几点："一是有利于探索建设
中国特色的社会主义刑罚制度，积极推进社会主义民主法制建设，充分体现我国
社会主义制度的优越性和人类文明进步的要求，为建设社会主义政治文明、全面
建设小康社会服务。二是有利于对那些不需要、不适宜监禁或者继续监禁的罪犯
有针对性地实施社会化的矫正，充分利用社会各方力量，提高教育改造质量，最
大限度地化消极因素为积极因素，维护社会稳定。三是有利于合理配置行刑资源，
使监禁矫正与社区矫正两种行刑方式相辅相成，增强刑罚效能，降低行刑成本。"
❷ 最高人民法院、最高人民检察院、公安部、司法部联合制定的《社区矫正实施办
法》第十一条规定："社区矫正人员应当定期向司法所报告遵纪守法、接受监督
管理、参加教育学习、社区服务和社会活动的情况。发生居所变化、工作变动、
家庭重大变故以及接触对其矫正产生不利影响人员的，社区矫正人员应当及时报
告。保外就医的社区矫正人员还应当每个月向司法所报告本人身体情况，每三个
月向司法所提交病情复查情况。"第十五条规定："社区矫正人员应当参加公共
道德、法律常识、时事政策等教育学习活动，增强法制观念、道德素质和悔罪自
新意识。社区矫正人员每月参加教育学习时间不少于八小时。"第十六条规定：
"有劳动能力的社区矫正人员应当参加社区服务，修复社会关系，培养社会责任
感、集体观念和纪律意识。社区矫正人员每月参加社区服务时间不少于八小时。"

区矫正主要是对罪犯的思想品德和日常行为进行考核，并没有根据每类罪犯的具体情况制定不同的考核办法和考核标准。修复性司法与以往刑事司法不同，修复性司法更加注重对被罪犯损害的各种关系进行修复，倡导刑罚应该轻缓化，尤其是在环境类案件中，提倡司法实践中尽量对罪犯判处相对轻缓的刑期，对罪犯进行社区矫正，更加有利于其对环境进行修复。但是，由于现行的社区矫正制度并没有关于环境修复的特殊规定，没有针对每类案件的特殊性制定不同矫正方案的规定。本书认为，鉴于环境类犯罪案件自身特有的属性，在对该类罪犯判处了缓刑等刑罚后，在社区矫正期内，应该将罪犯对环境修复作为考核的内容，从而提高罪犯修复环境的积极性，本书建议在《社区矫正实施办法》中增加关于"罪犯必须积极履行环境修复责任"的相关内容。

3. 将环境修复的成效作为缓刑减刑的条件

减刑和假释是激励罪犯积极参与改造的两种刑罚制度，最高人民法院在《关于办理减刑、假释案件具体应用法律的规定》中，❶ 明确缓刑一般情况下不可以适用减刑，但是同时规定，在缓刑考验期内如果罪犯有重大立功行为时，应当依法对其减刑，关于"重大立功"涵盖的范围，我国《刑法》第七十八条❷给出了

---

❶ 最高人民法院《关于办理减刑、假释案件具体应用法律的规定》第十八条规定："被判处拘役或者三年以下有期徒刑，并宣告缓刑的罪犯，一般不适用减刑。前款规定的罪犯在缓刑考验期内有重大立功表现的，可以参照刑法第七十八条的规定予以减刑，同时应当依法缩减其缓刑考验期。缩减后，拘役的缓刑考验期限不得少于二个月，有期徒刑的缓刑考验期限不得少于一年。"

❷ 《刑法》第七十八条规定："被判处管制、拘役、有期徒刑、无期徒刑的犯罪分子，在执行期间，如果认真遵守监规，接受教育改造，确有悔改表现的，或者有立功表现的，可以减刑；有下列重大立功表现之一的，应当减刑：（一）阻止他人重大犯罪活动的；（二）检举监狱内外重大犯罪活动，经查证属实的；（三）有发明创造或者重大技术革新的；（四）在日常生产、生活中舍己救人的；（五）在抗御自然灾害或者排除重大事故中，有突出表现的；（六）对国家和社会有其他重大贡献的。"

较为详细的规定。结合以上关于缓刑减刑的规定，缓刑考验期内减刑的规定比较严格，一是主要因为罪犯被判处缓刑，没有受到实际的羁押，相较于监禁刑等实刑而言，对罪犯的日常活动影响相对较小，罪犯对减刑的期望没有实刑犯那么迫切；二是为了防止对缓刑的减刑任意扩大化，导致权力寻租等司法腐败，对缓刑的减刑条件进行了较为严格的规定。

对于罪犯而言，虽然缓刑相较于实刑已经是较为宽松的刑罚，但是毕竟缓刑也是刑罚的方式，只要还在缓刑考验期内，罪犯就还是"戴罪之身"，罪犯仍然要遵守社区矫正的规定，在求职过程中仍会有很大的限制，大多数公司、企业、行政部门或者其他社会组织，在招聘的过程中都会在招聘公告中声明禁止"正在服刑的人"报考。因此，即使是被判处缓刑的罪犯，其仍然是期望得到减刑的。本书建议，将罪犯在缓刑考验期内有效履行环境修复的义务，作为缓刑减刑的条件，以提高罪犯履行环境修复义务的积极性。

第四节　完善刑罚中运用环境修复 措施的各项机制

一、完善环境修复公众监督机制

环境刑事犯罪不仅侵害了利害关系人的生命健康和财产权益，还侵害了生态环境权益，作为受害者，应该允许与该受损环境权益相关的公众参加到环境修复的司法活动中来。向他们及时公开环境损害及修复的相关信息，完善他们行使监督权及知情权的渠道，公众的积极参与，可以更好地修复犯罪人与社会的关系，使修复性司法的目的得以实现。

（一）公众参与环境修复的重要性

英国的哈丁教授提出了著名的"公地悲剧"的观点，哈丁教授认为公共资源具有有限性，如果对公共资源的利用不加以限制和约束，环境污染的后果将难以避免。❶ 针对"公地悲剧"，美国著名政治经济学家埃莉诺·奥斯特罗姆提出了"公共池塘"理论，提出了关于公共事务管理的第三条道路模式，即"多中心治理模式"。❷ 与环境多元共治的理论模式不谋而合，顺应了新形势下环境保护模式的发展需要。我国的《环境保护法》与《环境保护公众参与办法》，其中的相关条文也体现了通过多元的方式治理环境的理念，鼓励在环境治理的各个环节，公众都能够参与其中，对于环境治理多元合作共治模式的构建和完善，对于环境政策的贯彻与落实，对于社会公众环境权益的保障等诸多方面都具有重要的促进作用。

环境保护所涉及的内容越来越广泛，与广大社会公众的工作和生活之间的联系也越来越密切，环境治理亦越来越离不开公众的参与。公众参与是公民的一项权利，该项权利是由国家法律所赋予的，公民可以依据法律规定的程序，根据法律规定的相关途径参与一切与环境相关联的事务。❸ 环境修复是环境治理的一项重

---

❶ 李礼、汤跃军：《"公地悲剧"与生态环境的协同治理——以洞庭湖环境保护与治理为样本》，载《湖南行政学院学报》2015年第6期，第38-44页。
❷ 埃莉诺·奥斯特罗姆：《公共事物的治理之道》，余逊达、陈旭东译，上海三联书店2000年版，第26页。
❸ 柯木玲：《论环境法基本原则之公众参与原则》，载《吉林广播电视大学学报》2012年第6期，第1-2页。

要工作之一，公众直接参与环境修复的过程，一方面更加有利于提高公众参与环境保护意识，使环境修复工作得以更加顺利地推进，另一方面也可以使公众的环境权益得到更加充分的保护，还可以使环保部门的决策更加科学与民主。

1. 公众参与有利于提高全民的环保意识

《环境保护法》❶ 规定，公众在环境治理过程中享有参与权，这是环境治理多元化与社会化的新型环境治理理念的重要体现。伴随着经济不断发展，人们对美好生活的期望不断提高，人们更加渴望在一个安全、舒适的环境中生产、生活，广大公众的环境保护意识也在社会经济发展的过程中得到不断提升，更多公众也开始更加积极地投入环境保护的活动中。公众通过直接或间接参与的途径，了解政府在环境治理方面的工作，提高了公众对政府决策的知晓度和信服度，通过参加诉讼的方式，维护公众本身的合法环境权益，增强了公众参与环境保护的使命感和责任感，以保障各项环境治理工作顺利、有序开展。环境修复作为一项重要的环境保护工作，环境修复过程中需要采取一系列物理和化学等科学技术手段，政府部门可以在环境无害化的过程中，利用公众参与的机会，向公众宣传相关的环境保护知识，一方面可以提高公众的环境保护意识，使公众对环境修复工作的重要性与复杂程度有了更加深入的了解，从而从自身做起，主动直接参与到保护环境中去。另一方面，还可以获得公众对环境修复工作的认可与支持，积极参与其中，促进环境修复工作朝更好的方向推进。

---

❶ 《环境保护法》第五条规定："环境保护坚持保护优先、预防为主、综合治理、公众参与、损害担责的原则。"

2. 公众参与促使环境部门决策更加科学民主

当前，政府部门依旧是承担环境修复工作的主体，因此，在环境修复过程中，环境保护主管部门的相关决策和部署，对于环境修复工作的推进，起到重要的影响作用，甚至是决定性的作用。如果环境保护主管部门的权力过大，容易存在权力被滥用的危险，在此过程中，如果引入公众参与的监督机制，可以有效防止和避免该项权力被滥用，督促环境保护主管部门更加科学、民主地行使权力。环境修复本身就是一项环保工程，开展公众参与工作，是增强公众环保意识、推进环境修复的重要途径，是维护广大社会公众环境权益的具体体现，公众参与也可以使企业、政府和社会公众三方面之间实现相互制约、相互配合，以推动环境保护行政机关更加公开、民主地进行决策，❶ 有利于建立健全有效的监督机制，从而使经济、社会、环境三者效益的实现更加协调和统一。

3. 公众参与可以更好地维护公众的环境利益

在环境保护的过程中，公众参与环境治理的诉求不断增强，公众维护自身利益的意识不断提高，公众参与已经成为其维护自身利益的重要途径。在环境修复过程中，主动征求公众意见，听取环境损害相关者提出的诉求，采纳他们的合理建议，对公众关注的与环境修复相关的环境问题，以及公众对环境修复方式的看法，希望采取的环境修复的相应措施等进行调研，最终形成环境修复的解决方案、具体措施和实施步骤，政府环境保护部门对公众的诉求作出积极的回应，对环境修复方案进行修订，采取相应

---

❶ 焦景慧：《建设项目竣工环保验收中公众参与的探讨》，载《电力科技与环保》2010 年第 2 期，第 15－18 页。

的补救措施，可以切实维护广大社会公众的环境权益。

（二）公众参与环境修复的有效性

公众参与制度是指与公众参与的范围、公众参与的程序、公众参与的组织形式及公众参与的监督管理等有关的所有法律规范的总称。❶ 我国环境法将公众参与制度作为一项基本原则，这是人类对环境进行保护的过程中得出的经验总结，也符合我国的国情和环境保护实际，公众参与要求在影响环境的相关决策过程中，公众能够得到有效参与的机会。❷ 公众参与的范围和过程比较广泛，贯穿于环境保护的全过程，包括环境保护预案、保护过程以及末端治理的参与。❸

在环境资源保护领域，提供一种方式和途径让公众参与到环境保护的工作中，赋予他们参与环境保护的权利，使环境保护的政策更加符合保护公众利益的要求。❹ 一个社会的环境政策和环境法律规范应该尊重科学并通过民主程序来制定，允许、鼓励公众参与到环境保护的过程中，为公众参与环境保护提供相应的保障，并允许公众对政府管理行为进行评价和选择。❺ 在采取影响环境质量的措施时，公众应该参与到政府部门的工作中来，一起为制定公共环境保护的目标而努力，公众应该发挥其对环境保护的影响力。公众参与制度的实施，能够最大化地发挥公众的智慧及力量

❶ 武小川：《论公众参与社会治理的法治化》，武汉大学 2014 年博士学位论文。
❷ 吕忠梅：《环境法学概要》，法律出版社 2016 年版，第 86 页。
❸ 李爱年、周训芳、李慧玲主编：《环境保护法学》，湖南人民出版社 2012 年版，第 102 页。
❹ 黄锡生、史玉成主编：《环境与资源保护法学》，重庆大学出版社 2015 年版，第 102 页。
❺ 崔令之：《环保法基本原则之公众参与原则》，载《湖南科技大学学报（社会科学版）》2004 年第 4 期，第 31－34 页。

制定环境保护相关的法律法规、实施相关的环境保护政策、对施
工建设项目的环境可行性进行评价、对环境违法行为进行监督、
对环境进行保护等方面都起到积极的促进作用。公众参与环境保
护的决策活动，能够制定更加符合保护公众利益的政策且有利于
环境保护。在环境保护的过程中为公众提供参与的便利条件，也
是对公众参与予以鼓励的重要体现。周珂教授❶和王燕教授❷也表
达了同样的看法，认为政府相关职能部门能够在公众参与环境保
护的过程中提供可行的途径和方式。

在我国，公众参与已经被视为一项重要的制度，《宪法》第二
条第一款❸和第三款❹明确规定人民享有的各项权利，从法律依据
和制度保障的角度为公众参与环境保护提供了相应的遵循。在
《环境影响评价公众参与暂行办法》❺ 中，从范围、程序、组织、
形式等角度，详细而全面地规定了公众参与环境影响评价的规定。
在《环境影响评价公众参与办法》❻ 中，进一步对公众参与环境保

---

❶ "环境保护的公众参与，是指在环境保护领域，公众有权通过一定的途径参与一
切与公众环境利益相关的活动。"周珂、王小龙：《环境影响评价中的公众参
与》，载《甘肃政法学院学报》2004 年第 3 期。
❷ "环境保护中的公众参与，是指在环境保护领域里，公民有权通过一定的程序或
途径参与一切与环境相关的决策活动，使得该项决策符合公众的切身利益。"王
燕：《论环境法的公众参与原则》，载《徐州师范大学学报（哲学社会科学版）》
2002 年第 1 期，第 136 - 138 页。
❸ "中华人民共和国的一切权力属于人民。"参见《宪法》（2004 年 3 月 14 日第十
届全国人民代表大会第二次会议通过的《中华人民共和国宪法修正案》）。
❹ "人民依照法律规定，通过各种途径和形式，管理国家事务，管理经济和文化事
业，管理社会事务。"参见《宪法》（2004 年 3 月 14 日第十届全国人民代表大会
第二次会议通过的《中华人民共和国宪法修正案》）。
❺ 国家环境保护总局关于印发《环境影响评价公众参与暂行办法》的通知（已废
止）环发〔2006〕28 号，2006 年 2 月 4 日发布，2006 年 3 月 18 日实施。
❻ 《环境影响评价公众参与办法》（中华人民共和国生态环境部令第 4 号），2018 年
7 月 16 日发布，2019 年 1 月 1 日起实施。

护的相关程序和所涉及的内容进行了明确与细化。《环境保护法》第五条❶、第六条❷、第五十三条❸对公众参与环境保护的相关权利，以及相关的义务作了更为详细的规定，为公众参与环境保护提供了法律上的确定指引和保障。

公众参与是环境修复共建机制的重要内容之一，环境修复共建机制的建立，可以满足公众参与环境治理的意愿，公众可以行使监督环境修复全过程的权利，确保环境修复方案得到切实执行和有效落实。公众环境参与权的保障影响国家社会主义现代化建设的进程。❹

（三）公众参与环境修复的完善路径

1. 信息公开是公众参与的前提条件

公众是环境污染的直接受害人，公众应该享有了解环境污染

---

❶ 《环境保护法》第五条规定："环境保护坚持保护优先、预防为主、综合治理、公众参与、损害担责的原则。"1989 年 12 月 26 日第七届全国人民代表大会常务委员会第十一次会议通过，2014 年 4 月 24 日第十二届全国人民代表大会常务委员会第八次会议修订。

❷ 《环境保护法》第六条规定："一切单位和个人都有保护环境的义务。"1989 年 12 月 26 日第七届全国人民代表大会常务委员会第十一次会议通过，2014 年 4 月 24 日第十二届全国人民代表大会常务委员会第八次会议修订。

❸ 《环境保护法》第五十三条规定："公民、法人和其他组织依法享有获取环境信息、参与和监督环境保护的权利。"1989 年 12 月 26 日第七届全国人民代表大会常务委员会第十一次会议通过，2014 年 4 月 24 日第十二届全国人民代表大会常务委员会第八次会议修订。"各级人民政府环境保护主管部门和其他负有环境保护监督管理职责的部门，应当依法公开环境信息、完善公众参与程序，为公民、法人和其他组织参与和监督环境保护提供便利。"《环境保护法》于 1989 年 12 月 26 日第七届全国人民代表大会常务委员会第十一次会议通过，2014 年 4 月 24 日第十二届全国人民代表大会常务委员会第八次会议修订。

❹ 何苗：《中国与欧洲公众环境参与权的比较研究》，载《法学评论》（双月刊）2020 年第 1 期，第 136－147 页。

信息，并对环境修复发表个人意见的权利。❶ 环境修复与公众利益息息相关，瞒报谎报只会增加公众对环保部门的不信任，与其遮遮掩掩不如主动向公众公开，邀请相关公众参与其中。为了更好地促进环境修复公众参与制度的落实，应注意以下三个方面的问题。(1) 环境修复方案实施前的信息公开。环境保护主管部门应该向公众公开环境污染的调查事实，以及环境污染的评估情况；公布将要实施的环境修复工程的施工项目名称、工期、可能对环境造成的影响等；公布负责实施环境修复的单位名称以及联系人、联系方式等；在环境修复方案实施之前，可以采取问卷调查的方式，广泛了解公众的意见，征求受影响公众意见及建议的主要注意事项；制订受影响公众对环境修复方案提出意见的途径和方式。(2) 环境修复实施过程中的信息公开。在环境修复的过程中，应主动向公众公开环境修复方案实施的进度，所取得的阶段性成果等；因环境修复施工对环境造成影响应向公众作出合理解释，消除公众的疑虑；对环境修复施工造成的不良影响，所采取的积极应对措施，应及时向公众公开；在环境修复的施工过程中，环境保护主管部门可以采取电话问询、组织免费参观等多种形式，及时了解公众的动向，通过及时向公众宣传相关环境修复知识，赢得公众理解和支持，避免因信息不对称造成群众恐慌。(3) 环境修复完结后的信息公开。在环境修复工程完结之后，及时向公众公布环境修复所取得的效果；对于环境修复的成果，及时向公众公布工程验收的情况。

2. 享有参与权利是核心内容

公众参与权既包括公众被征求意见，也包括公众可以基于自

---

❶ 林锋、李俊：《环境修复过程中公众参与的初探》，载《污染防治技术》2016 年第 8 期，第 76－78 页。

身的意愿主动提出意见和建议；在参与的形式上，公民可以自行直接参与，也可以通过参加环保组织的形式参与。（1）公众参与环境保护的主动性应该受到保护。一般情况下，往往是由政府部门来主导公众征求意见的程序，公众存在被动参与的情况较普遍，因此在公众作出选择、考量利害关系以及对社会舆论监督的制度设计上，都应该从保护公众参与的积极性，以及规制决策部门的权力角度出发，重点在于保障公众参与权利的实现。（2）保障专业性环保组织的参与权。环境保护具有社会公益性的属性，环保组织所具备的专业性较强，环保组织参与环境修复通常都是有计划和准备的，环保组织参与环境修复，可以充分发挥其专业性和公益性的优势，实现更好的环境修复效果，更好地发挥公众参与的社会效果，因此，在制定公众参与相关规定时，要完善环保组织参与环境修复的相关制度。（3）明确规定公众参与的相关法律后果。对于在事前已经征求了公众意见的，如果采纳了相关的建议，应该向公众公开说明理由，并且接受公众的质询。对于涉及公众面广，社会影响重大的环境修复项目，应该有替代性的方案供公众选择适用。

3. 享有监督权是重要保障

修复性司法倡导公众参与环境治理的各个环节，包括环境立法环节、环境执法环节、环境事件处理及环境修复环节，具体体现在立法的过程要公开征求公众的意见，在执法的过程要接受公众的监督，在环境修复的司法过程，公众有权提出修复的意见和建议，对修复的效果进行验收等。通过参与环境法律法规的制定和修改，公众可以通过具体条文最大化地表达自身的生态环境诉求，这一方面体现了"法律面前人人平等"的原则，另一方面也是提高国家环境立法质量的重要途径，避免因为"闭门造车"所制定的法律与社会发展不相适应，不能真正体现公众需求。

环境修复是一项需要长期坚持的工作，修复的过程漫长而复杂，涉及的部门众多，往往贯穿于诉讼前、诉讼中、诉讼后各个阶段，涉及环保职能部门，环境污染责任者、相关的环保企业以及社会公众等众多主体，因此需要建立完整的环境修复体系，并且将环境修复的理念贯穿到诉讼的各个阶段。❶ 由此可见，环境修复是一项系统的工程，不能人为将其割裂开来，因此需要将环境修复的理念贯穿到诉讼前、诉讼中和诉讼后的全过程，才能有效发挥作用。公众参与环境法律的制定，有利于提高公众对法律的认可与接受度，从而有利于提高环境执法的效率。公众参与环境治理的过程，也是公众对行政机构进行外部监督的过程，公众参与是避免行政机关职能缺位、滥用行政决策权力的有效监督方式。

（四）政府治理与公众参与环境治理的平衡

政府是环境治理的主导者，对环境犯罪、环境修复等的治理对策主要来源于政府制定的方针和政策，可是因为政府制定政策的特点是灵活而多变，不确定性的因素较多，这也是政府治理多变的根源所在，所以，如果环境治理模式由政府来主导，那必定是要以其制定的政策为依据，由此导致的结果是政策的可预测性、可执行性、稳定性无法得到保障，并会对环境犯罪的行为结果造成较大的差异化影响。❷ 犯罪一般预防的主要实现途径被认为应该

---

❶ 陈瑶：《我国生态修复的现状及国外生态修复的启示》，载《生态经济》2016 年第 10 期，第 183 – 192 页。

❷ 宋伟卫：《环境污染犯罪治理的策略配合》，载冯军、敦宁：《环境犯罪刑事治理机制》，法律出版社 2018 年版，第 24 页。

是在犯罪和刑罚二者之间建立起某种必然的因果联系。❶ 然而，由于政策的多变性，造成环境治理的效果不理想。传统的观点认为，环境治理被认为是国家的事情，政府是惩治环境犯罪的第一责任主体，因此，在环境犯罪高发的时期，政府为了维护其统治的主体地位，维护其权威，树立公信力，往往会采取一些非常规的措施，例如，采取专项整顿、专项治理等方式，在特定的时期内，集中投入较多的司法资源和社会力量，对环境犯罪行为进行集中整治，这种违背犯罪治理规律的专项活动，极易造成政府权力的滥用以及社会资源的浪费。

环境犯罪发生的原因具有多样性和复杂性的特点，所涉及的因素较多，环境犯罪治理必须关注与之相关的各种社会关系，注重对犯罪原因的控制。正是因为环境犯罪致害原因的多样、复杂、涉及面广等特点，单靠政府的力量难以应对环境犯罪的治理。所以，要树立一种由社会对环境犯罪治理负责的整体意识，最大化地调动社会力量，最大限度地发挥全民参与环境治理的作用，使人人都能参与到环境治理过程中来。政府、社会团体、企业、个人都应该被纳入环境犯罪治理主体的范畴中。社会公众力量与政府部门之间的协作可以充分调动多元化的社会力量，采取多样性的社会控制手段，起到打击环境犯罪、预防环境犯罪、控制环境污染和实现环境修复的多重作用。提倡全民参与环境治理，并不会否定或削弱政府作为环境治理主体的作用或地位，而恰恰有利于维护政府在环境治理工作中的引领作用，并且还能够充分调动社会公众参与环境治理中的积极性，推动环境治理工作朝着更加健康、有序、良性的方向发展。

---

❶　陈兴良：《刑法哲学》，中国政法大学出版社2000年版，第400页。

二、完善环境修复验收制度

（一）明确环境修复的验收主体

对环境修复的成果进行验收，是检验环境修复责任是否已经落实的重要程序，是对被告人污染环境或者破坏生态环境等犯罪行为责任落实的检查。所以，明确验收的主体，才有利于责任的落实。在不同的环境修复验收工作中，验收的主体存在差异化，这主要是因为环境资源的管理部门不同，其所承担的职责也不同。实践中，环境修复验收主体存在单一化的现象，这种单一的验收主体容易导致验收结果不够全面，无法体现各方的利益。本书认为，环境修复的效果好坏直接关系特定地域范围内居民生活质量的高低，环境修复的验收主体不应该局限于国土、森林等政府部门，还应当包括与环境修复存在切身利益的当地居民，以及专业的环保监测、评估等第三方机构。由政府或者其他行政机关作为验收工作的牵头部门，组成由政府部门、环保专家、第三方专业评估机构、有利害关系的居民的验收主体，共同参与对环境修复验收工作的评论，这既符合公众参与原则，也便于各方行使监督权，❶共同维护美好环境。

（二）严格执行环境修复的验收标准

司法个案对环境修复的目标确定之后，应制定客观的检验标准来检验环境修复的目标是否已经实现。本书认为应该从以下两个方面确定检验的依据：一是环境修复方案的严格执行。环境修复目标需以法院判决的环境修复方案为基本遵循，环境修复的执

---

❶ 卢娜娜、宁清同：《生态修复责任司法实践之困境及对策探析》，载《治理现代化研究》2021 年第 5 期，第 90－96 页。

行需以法院判决的修复方案为准，不能随意更改修复的措施和程序。环境修复目标是否已经实现，其检验标准能否验证修复方案所确定的内容，如果已经完成则认为是实现了修复的目标，如果没有完成，则认为是没有实现环境修复的目标。对于已经制定的环境修复标准，应该严格执行，对于受损害的环境经修复后仍未达到修复标准的，应当责令责任人继续修复，直至达到预期的修复目标。❶ 二是环境修复标准的调整。环境修复方案在判决的时候已经确定，总体而言，其可操作性较强，在环境修复的执行过程中，应该严格执行，但是有时候因为客观情况的变化，如规划调整、标准的变化及其他因素的影响等，有可能会出现环境修复的方案与客观实际不相适应的情况，在环境修复方案不能适应客观实际需要时，应该及时予以调整。环境修复方案的调整需与国家的新标准相适应，用新的标准去修正还没有完成的修复方案，使环境修复方案能够适应新的要求，以更加有利于保护环境。

（三）规范化环境修复的验收程序

规范化的环境修复验收程序，可以确保验收的结果公正、合法。由于环境要素的多样化，每种环境要素都有其特殊性，不可能制定一套完全标准化、放之四海而皆准的验收程序，而且如果制定完全统一的验收程序可能会因为无法兼顾环境要素的特殊性，会对环境修复的实施，甚至是环境的保护带来不便。因此，应该在遵循一定标准的前提下，允许每个地方根据不同的环境要素的特殊性，在环境修复的后续执行中，对环境修复措施进行相应的调整。可以参照我国《土地复垦条例办法》中关于土地复垦验收

---

❶ 徐以祥、王宏：《论生态修复性司法》，载《人民司法》2016 年第 13 期，第 79 - 83 页。

的流程，以规范化环境修复的验收程序。

　　环境修复的验收可以参照图6 土地复垦验收流程，当环境修复工作完成后，承担环境修复责任的责任人应当向县级主管部门提出验收的申请，经准许验收之后，责任人应该按照规定提供相应的文件证明环境修复的措施、实施过程、环境修复所取得的效果等，并形成申请报告，由负责验收的行政机关会同其他部门以及邀请相关的专家进行验收，最终根据验收的结果，出具验收证明，此证明可以作为量刑、减刑的依据，而验收不通过的，不出具验收证明，并责令义务人在一定时间内采取相应的补救的措施，直至完成环境修复的目标。

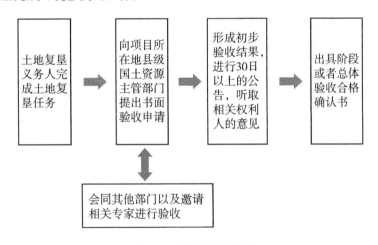

图6　土地复垦验收流程

三、厘清刑民、刑行环境修复关系

（一）厘清刑民环境修复关系

　　司法实践中常有不当扩大金钱性修复措施，导致民事环境修复与刑事罚金相抵触的情况。刑法作为保障性法律，与民法存在前置与后置的法律关系。❶ 根据绿色原则的理念，在刑事案件中优先确立民事环境修复责任，应是厘清民刑关系的可行途径。

1. 行为修复优先

行为修复被认为是最直接的环境修复方式，相比于赔偿环境修复费用等金钱性环境修复措施，更具有直接性，更能直观、具体地体现环境修复的目的。但在司法实践中，为了提高诉讼效率，简化诉讼流程，检察机关更倾向将诉求简化为赔偿环境修复费用，法院也更偏爱直接判决被告人承担缴纳、赔偿环境修复的费用。为了改变这种状态，建议公益诉讼人在刑事附带民事公益诉讼中，应优先提起行为性修复诉求，金钱性的修复只有在穷尽了行为性修复措施后才可以作为补充性诉求提出。在刑事判决中，法院应明确具体的行为修复要求，并且规定如果被告没有按照要求实际、完全履行，则应当承担相应的环境修复费用。❷ 行为性的环境修复措施优先、金钱性的环境修复措施为补充的刑事附带民事公益诉讼模式，可以消解金钱性环境修复措施与罚金的抵触，也可以避免环境刑事审判陷入环境修复费用难以确定的困境。

2. 环境民事公益诉讼优先

相比于民事诉讼程序，刑事诉讼的程序更为严谨和烦琐，案件需要经过侦查、起诉后才进入审判程序，可能到了案件审理阶段，环境修复工作仍未开始，环境被损害的问题还没有得到解决，漫长的诉讼程序可能会进一步加剧环境的损害程度。环境民事公益诉讼则可以经由原告提起直接进入审判程序，不需要经过侦查

---

❶ 陈兴良：《民法对刑法的影响与刑法对民法的回应》，载《法商研究》2021 年第 2 期，第 26 - 43 页。

❷ 聂梓锋：《生态修复责任与刑事责任的衔接困境及解决路径》，载《山东青年政治学院学报》2021 年第 5 期，第 68 - 74 页。

和审查起诉的环节，更有利于环境得到及时有效的保护。在刑事案件的侦查或审查起诉阶段，为了使环境得到尽快修复，检察院或者其他公益主体可以先行提起环境民事公益诉讼，并把责任人履行环境修复责任的实际情况作为刑事诉讼中的量刑情节予以考虑。如果是金钱性的环境修复，也比较容易执行，不会对刑事诉讼的正常开展产生影响。在环境刑事诉讼提起前，先行提起民事公益诉讼，可以提高案件审理效率，提高环境修复效率；在刑事诉讼开始前先行对环境进行修复，也可以避免被告人因被判处实刑而无法亲自实施环境修复；在刑事判决前先行执行民事公益诉讼的裁判结果，还可以避免金钱性环境修复措施与罚金的抵触。

3. 环境修复费用优先

在无法适用行为性环境修复措施的刑事附带民事公益诉讼案件中，会不可避免地同时适用金钱性的环境修复措施与罚金。《刑法》第三十六条规定了"民事优先"的原则，明确了民事赔偿责任优先于罚金，但因为金钱性的环境修复责任与经济性赔偿属于同一位阶，金钱性的环境修复责任并不归属于民事赔偿责任，两者性质不同。民事赔偿责任的作用在于补偿被害人的损失，金钱性的环境修复责任作用在于对公共利益遭受损失的补偿。金钱性的环境修复责任如果优先于财产刑执行，实际上并没有加重被告人的责任，被告人积极主动履行环境修复的责任还可以作为减刑的依据，由此，可以进行有利于被告人的类推，金钱性的环境修复措施也应当优先于罚金刑执行，这在某种程度上会对罚金的缴纳产生一定的影响，意味着国家要放弃部分刑罚权。刑罚权是国家实施惩治犯罪人的一种权力，❶ 其目的在于阻止和预防犯罪。优

---

❶ 马克昌：《刑罚通论》，武汉大学出版社 1999 年版，第 17 页。

先执行环境修复费用可以使环境得到及时有效的修复，消除环境犯罪造成的不利影响，环境修复的效果还可以作为被告人量刑或减刑的积极评价因素，更加有利于阻止和预防犯罪，此时，国家放弃部分刑罚权具有正当性和合理性。

（二）厘清刑行环境修复关系

环境保护是一个整体过程，环境损害的修复也不可能依靠单一的救济途径得以实现，我国当前的环境管理正在向"以环境质量为改善核心"的模式转变，政府等行政机关才是对行政区域环境质量负责的主要主体，其也应该成为首要的责任主体，政府的环境管理责任目标是采取有效的措施使管辖区域内的环境质量符合相应的标准。司法机关只有在行政规制手段失灵时才会以个案的形式介入。因此，应该建立起以行政机关为主导、司法机关为辅助的环境修复模式，并且建立完善相关的配套机制。

1. 规范化行政与司法的衔接程序

司法机关在相关环境保护工作中，要增强参与环境资源审判的积极性和主动性，提高案件的裁判效率，实现司法与社会效果的有机统一。对于疑难复杂的案件，要充分与上下级法院、检察机关，以及相关行政机关沟通，以进一步明确案件事实，确定损害后果，明晰各方责任。规范化环境行政执法机关、公安机关、监察机关、检察机关就涉嫌环境犯罪追究而形成的相互联系、相互配合的工作方式。[1] 要依托地方党委、政府的领导优势，完善环境刑事司法联动协作机制，以区域内横向沟通与纵向综合运用的沟通方式，继续发挥横向沟通的简便性、快捷性，又要发挥纵向

---

[1] 蒋兰香：《环境行政执法中刑案移送与司法承接的衔接机制研究》，中国政法大学出版社 2020 年版，第 128 页。

沟通的权威性和整体性，协调流域之间的利益，提高区域环境保护的全面性，实现区域环境保护的最大化。

受苏联国家体制的影响，我国的国家治理方式呈现出"司法权弱小、行政权独大"的模式，[1] 行政力量在环境纠纷的解决过程中占据主导地位，原本有些应该移送司法机关处理的环境犯罪案件，仅仅以行政处罚结案，极易滋生行政腐败。刑法介入环境治理的早期阶段，一方面使原本属于环境行政处置的部分工作转移到司法机关，可以有效避免行政机关与司法机关之间因权力界限不清、分工不明导致的相互推诿或争相夺权的现象，也可以避免行政机关以罚代刑，利于规范环境行政执法的权力，降低环境行政领域的腐败风险，对于改善当前刑法量刑过重的整体结构，减少环境行政执法的腐败，推动刑法类型、体系以及社会化行刑方式等现代司法制度改革，构建符合现代环境法治的轻罪轻刑制度，促进现代刑事法治制度的完善都具有积极的作用。另一方面，也充分发挥了刑罚和司法力量在环境保护和国家环境治理体系中的作用，引导公众更多地选择以司法作为首要的方式处理各种环境纠纷，从而实现环境纠纷解决模式的现代化转型，可以预见，充分重视司法在社会纠纷解决过程中的价值，是国家治理现代化水平的重要标志。[2]

完善司法部门与生态环境、自然资源、农业农村、市场监管等部门之间的工作衔接，简化各部门之间的协调联动程序，充分调动起协调联动各部门的积极性，形成保护区域环境的合力。加

---

[1] 刘东方：《司法权与司法行政权若干问题思考》，载《中国司法》2005 年第 12 期，第 21－23 页。

[2] 马聪：《我国环境刑法的问题与发展方向》，载冯军、敦宁：《环境犯罪刑事治理机制》，法律出版社 2018 年版，第 246－248 页。

强完善协调机制，进一步理顺环境资源刑事案件移送、受理、立案、执行程序环节，明确案件证据认定标准、确定受案范围、畅通环境犯罪案件的移送与刑事司法承接的关系，可以构建起完善的环境资源刑事案件移送程序。针对在环境资源刑事案件审理过程中发现的问题，主动向相关部门提出具有针对性的司法建议，推进区域环境治理。加大对环境行政执法机关的监督和追责，构建全方位监督追责机制，根治环境行政执法领域中"有案不移""以罚代刑"的顽症。对于涉及行政违法的行为，建议相关部门做到早预防、早干预，避免造成严重后果，对于已经触犯刑法的行为，要纳入刑法的规制程序中，避免环境资源刑事案件为"以罚代刑"所消解。

2. 构建信息共享模式

当今已是信息化时代，如果在刑罚的执行过程中，行政与司法机关之间能够共享和交换相关信息，有利于实现刑罚执行相关工作的有效衔接。然而在实践中，行政与司法机关之间拥有各自不同的执行信息系统，双方基本上是处于封闭的运行状态，二者之间没有建立起信息共享与交换的平台，这在某种程度上影响了刑罚执行的整体效益。● 行政机关在日常工作中应定期对辖区内的环境污染、环境损害案件线索进行排查，形成案件数据台账，并对案件的进展实行跟踪管理，密切与司法机关的沟通和联系，搭建起信息共享的平台，完善案件线索移送的程序，向司法机关提供有关的行政处罚信息和相关证据，在案件审理结束之后，跟踪和落实环境修复的后续检查和验收工作；司法机关可定期对辖区

● 高一飞、贺毓榕：《构建统一刑罚执行体制的若干问题研究》，载《应用法学评论》2020 年第 1 辑，第 3—24 页。

内的行政机关提供已办结环境刑事案件的案件信息。在环境修复措施的选择上，司法机关可以征求行政机关的专业性意见，形成环境案件信息共享、公开的良好互动机制。通过行政机关与司法机关的合作，行政机关与司法机关可以根据环境要素的修复需求，更好地实现环境修复的目标和标准。

3. 发挥行政机关修复环境的优势

当环境损害发生后，如果环境存在修复的可能性和可行性，行政机关可以发挥其直接环境管理的职能，通过行政命令的方式责令违法行为人对环境实施消除危险、停止侵害、修复环境等行为，在行政机关的监督下，此时违法行为人应当自行修复或者委托第三方代为修复，行政机关需持续跟踪环境修复的后续情况。在违法行为人拒绝修复或者无力修复时，行政机关还可以通过代履行的方式对受损的环境实施修复。违法犯罪人在行政阶段所实施的环境修复行为，可以作为其在刑事审理阶段的量刑情节，应该尽量避免环境损害的状态持续到司法审判的环节。总之，环境修复措施应该尽早实施，每一个后续的程序都是对前一程序的补救。

结　语

通过前文的分析和论证，作者主要提出了以下七个方面的观点：

第一，对各类环境修复措施的不同法律性质进行区分和界定，明确各环境修复措施的法律性质，并且建议对具有刑罚性质的环境修复措施附加刑化，使刑事判决中的环境修复措施具备法律正当性。对刑事司法实践中环境修复措施的法律性质进行了界定，建议将刑事判决中的环境修复措施定性为附加刑。附加刑具有灵活性和补充性的特点，将环境修复措施定性为附加刑，可以有效弥补主刑在惩治环境犯罪中的不足，预防主刑的滥用和刑罚过剩、实行刑罚的特殊预防作用、实现刑罚的经济化，并使环境修复措施的运用具备法律正当性。

第二，对环境刑事司法实践中适用环境修复措施的案件类型和条件提出了相关建议。环境修复附加刑适用的案件包括轻罪案件与重罪案件，建议在轻罪中单独适用，在重罪中附加适用。适用的前提条件是环境法益受到了损害、受损的环境法益具备可修复性、犯罪行为人具有实施生态修复的能力。

第三，对适用修复性司法的案件范围提出了具体建议。在以往对修复性司法适用的研究中，有很多学者认为修复性司法只适用于未成年人犯罪案件、轻型犯罪案件以及自诉案件，对于造成严重后果的刑事犯罪，修复性司法并不存在适用的空间。是否适用修复性司法不应该以案件是否造成严重后果为判断依据，而应以是否存在修复的可能性及必要性为出发点，综合全案进行研判，首先征求各方的意见，赋予各方当事人，尤其是受害人更大的自主选择权；其次对修复的可能性进行预评估；最后对修复的可行性进行权衡。如果受害人选择适用修复性司法，且损害的后果存在修复的可能性与可行性，只要在没有侵害国家或他人的合法权益，也没有违背公序良俗的前提下，即便是造成了严重后果，也可以适用修复性司法对案件进行处理，因此，本书认为修复性司法不应该局限于未成年人犯罪、轻刑犯罪和自诉等案件，而是可以适用于所有的案件类型。

第四，对将社区矫正纳入生态环境修复的内容提出了具体建议。应该将环境修复的理念贯穿于社区矫正制度的过程中。对于环境犯罪的缓刑犯，在缓刑考验期内，应该采取与环境修复相适应的考核措施，如可以责令环境犯罪人在缓刑考验期内履行植树造林、治理污染等修复生态环境的义务，进一步丰富缓刑考验期内社区矫正制度的内容。建议在《社区矫正实施办法》中增加关于"罪犯必须积极履行环境修复责任"的内容作为社区矫正的参照标准。

第五，对在刑事诉讼中的不同阶段所适用的环境修复措施作了区分。在案件的审查起诉期，环境修复措施在一定条件下可以作为检察机关免予起诉的理由；在案件的审理阶段，环境修复措施可以作为非刑罚的处罚方法或者是从宽处罚的条件；在案件的执行阶段，环境修复措施可以作为罪犯获得减刑或者假释的条件。

　　第六，合理化运用各项环境修复措施。主要从提高刑罚中环境修复措施的利用率、构建合理化的环境修复目标、分类制定科学的环境修复标准、合理化运用刑罚中的各项经济性环境修复措施、均衡刑罚中自由刑与环境修复措施的关系着手。环境修复的目标要与个案相符，兼顾现实性和前瞻性，体现专业性与公众参与性。环境修复的标准要体现差异化，兼顾国家标准、地方标准和行业标准。多重环境修复措施的运用要体现公平正义，兼顾法律效果和社会效果，缓刑和实刑要适当，各种经济性环境修复措施的运用要合理化。

　　第七，完善刑罚中运用环境修复措施的各项机制。主要包括构建有效的环境修复公众监督机制、完善环境修复验收制度、厘清刑民及刑行环境修复关系。公众是环境治理体系的重要参与主体，应保障公众环境修复的参与权、信息获取权和监督权。环境修复的验收应由政府或者其他行政机关作为验收工作的牵头部门，组成包括政府部门、环保专家、第三方专业评估机构、有利害关系的居民的验收主体，共同参与对环境修复验收工作的评估。在刑民环境修复关系方面，刑事案件中应确立民事环境修复责任的优先性，包括行为性修复方式优先于经济性赔偿性方式、环境民事公益诉讼优先于刑事诉讼、环境修复费用优先于罚金等。在刑行环境修复方面，规范化行政与司法的衔接程序、构建信息共享模式、发挥行政机关修复环境的优势。

附录一 图表索引

附录二 部分调研照片

2021 年 7 月在江苏高院调研

2021 年 7 月在南京环境资源法庭调研

2021 年 7 月在南京紫金山生态环境司法保护基地调研

2021 年 7 月在江西九江中院西海巡回法庭调研

参考文献

中文著作类

［1］法律出版社法规中心．生态环境保护法律法规全书［M］．北京：法律出版社，2020．

［2］蒋兰香．环境行政执法中刑案移送与司法承接的衔接机制研究［M］．北京：中国政法大学出版社，2020．

［3］夏道虎，刘亚平．中国环境司法改革之江苏实践［M］．江苏：江苏凤凰文艺出版社，2020．

［4］刘琳．环境法律责任承担方式的新发展［M］．北京：中国社会科学出版社，2019．

［5］张继钢．风险社会下环境犯罪研究［M］．北京：中国检察出版社，2019．

［6］葛察忠，董战峰，李晓亮，李红祥，等．中国环境政策改革40年［M］．北京：中国环境出版集团，2019．

［7］董开军．"三江源"生态环境司法保障机制研究［M］．北京：法律出版社，2019，

［8］吕忠梅，等．中国环境司法发展报告

（2019 年）［M］．北京：法律出版社，2019．

　　［9］最高人民法院环境资源司法研究中心．中国法院环境资源裁判规则与案例精析［M］．北京：中国法制出版社，2019．

　　［10］冯军，敦宁．环境犯罪刑事治理机制［M］．北京：法律出版社，2018．

　　［11］周兆进．环境犯罪严格责任研究［M］．北京：中国检察出版社，2018．

　　［12］江西省高级人民法院环境资源审判庭．生态文明司法保护案例选编［M］．北京：中国法制出版社，2018．

　　［13］胡卫．环境侵权中修复责任的适用研究［M］．北京：法律出版社，2017．

　　［14］侯艳芳．环境资源犯罪常规性治理研究［M］．北京：北京大学出版社，2017．

　　［15］竺效．生态损害的社会化填补法理研究（修订版）［M］．北京：中国政法大学出版社，2017．

　　［16］吕忠梅，等．环境司法专门化——现状调查与制度重构［M］．北京：法律出版社，2017．

　　［17］张建伟．环境资源典型案例分析［M］．北京：人民法院出版社，2017．

　　［18］竺效．生态损害综合预防和救济法律机制研究［M］．北京：法律出版社，2016．

　　［19］毛煜焕．修复性刑事责任的价值与实现［M］．北京：法律出版社，2016．

　　［20］张明楷．刑法学（第 5 版）［M］．北京：法律出版社，2016．

　　［21］吕忠梅．环境法学概要［M］．北京：法律出版社，2016．

［22］黄锡生，史玉成．环境与资源保护法学［M］．重庆：重庆大学出版社，2015.

［23］张明楷．责任性与预防性［M］．北京：北京大学出版社，2015.

［24］张宝．环境侵权的解释论［M］．北京：中国政法大学出版社，2015.

［25］曾晓东，周珂．中国环境法治（2013 年卷·下）［M］．北京：法律出版社，2014.

［26］刘晓虎．恢复性司法研究——中国的恢复性司法之路［M］．北京：法律出版社，2014.

［27］吴鹏．以自然应对自然——应对气候变化视野下的生态修复法律制度研究［M］．北京：中国政法大学出版社，2014.

［28］蒋兰香．污染型环境犯罪因果关系证明研究［M］．北京：中国政法大学出版社，2014.

［29］胡云腾．最高人民法院　最高人民检察院环境污染刑事司法解释理解与适用［M］．北京：人民法院出版社，2014.

［30］袁杰．中华人民共和国环境保护法解读［M］．北京：中国法制出版社，2014.

［31］刘超．环境侵权救济诉求下的环保法庭研究［M］．北京：武汉大学出版社，2013.

［32］吕忠梅．环境损害赔偿法的理论与实践［M］．北京：中国政法大学出版社，2013.

［33］李挚萍．环境基本法比较研究［M］．北京：中国政法大学出版社，2013.

［34］马克昌．宽严相济刑事政策研究［M］．北京：清华大学出版社，2012.

［35］柯坚. 环境法的生态实践理性原理［M］. 北京：中国社会科学出版社，2012.

［36］黄锡生. 自然资源物权法律制度研究［M］. 重庆：重庆大学出版社，2012.

［37］王树义，等. 环境法前沿问题研究［M］. 北京：科学出版社，2012.

［38］龚宇阳. 污染场地管理与修复［M］. 北京：中国环境科学出版社，2012.

［39］李爱年，周训芳，李慧玲. 环境保护法学［M］. 北京：湖南人民出版社，2012.

［40］吴立志. 恢复性司法基本理念研究［M］. 北京：中国政法大学出版社，2012.

［41］张苏. 量刑根据与责任主义［M］. 北京：中国政法大学出版社，2012.

［42］焦艳鹏. 刑法生态法益论［M］. 北京：中国政法大学出版社，2012.

［43］刘年夫，李挚萍. 正义与平衡——环境公益诉讼的深度探索［M］. 北京：中山大学出版社，2011.

［44］冯美殿. 和谐语境中的刑罚轻缓化研究［M］. 北京：中国政法大学出版社，2011.

［45］赵秉志. 环境犯罪及其立法完善研究——从比较法的角度［M］. 北京：北京师范大学出版社，2011.

［46］吴献萍. 环境犯罪与环境刑法［M］. 北京：知识产权出版社，2010.

［47］胡静. 环境法的正当性与制度选择［M］. 北京：知识产权出版社，2009.

［48］邓文莉．刑罚配置论纲［M］．北京：中国人民公安大学出版社，2009.

［49］蔡定剑．公众参与：风险社会的制度建设［M］．北京：法律出版社，2009.

［50］狄小华，李志刚．刑事司法前沿问题——恢复性司法研究［M］．北京：群众出版社，2008.

［51］黎宏．日本刑法精义［M］．北京：法律出版社，2008.

［52］周长军，于改之．修复性司法：法理及其实践展开［M］．济南：山东大学出版社，2008.

［53］曹明德．生态法新探［M］．北京：人民出版社，2007.

［54］樊崇义．刑事起诉与不起诉制度研究［M］．北京：中国人民公安大学出版社，2007.

［55］竺效．生态损害的社会化填补法理研究［M］．北京：中国政法大学出版社，2007.

［56］严励．刑事司法与犯罪控制的新发展［M］．北京：中国法制出版社，2007.

［57］刘晓莉．生态犯罪立法研究［M］．长春：吉林大学出版社，2006.

［58］郭建安，张桂荣．环境犯罪与环境刑法［M］．北京：群众出版社，2006.

［59］陈晓明．修复性司法的理论与实践［M］．北京：法律出版社，2006.

［60］王平．恢复性司法论坛（2006年卷）［M］．北京：群众出版社，2006.

［61］王平．恢复性司法论坛（2005年卷）［M］．北京：群众出版社，2005.

［62］祝铭山.破坏环境资源保护罪（刑事类）（典型案例与法律适用）［M］.北京：中国法制出版社，2004.

译著类

［1］吉檀迦利·纳因·吉尔.印度环境司法：国家绿色法庭［M］.李华琪，等，译.王树义审定.北京：中国社会科学出版社，2019.

［2］乔治·普林，凯瑟琳·普林.环境法院和法庭：决策指南［M］.周迪，译.北京：中国社会科学出版社，2017.

［3］李斯特.论犯罪、刑罚与刑事政策［M］.徐久生，译.北京：北京大学出版社，2016.

［4］詹姆斯·萨尔兹曼，巴顿·汤普森.美国环境法［M］.徐卓然，胡慕云，译.北京：北京大学出版社，2016.

［5］格里·约翰斯通，丹尼尔·W·范内斯.恢复性司法手册［M］.王平，王志亮，狄小华，吴啟静，译.北京：中国人民公安大学出版社，2012.

［6］格里·约翰斯通.恢复性司法：理念、价值与争议［M］.郝方昉，译.北京：中国人民公安大学出版社，2011.

［7］洛德·沃尔格雷夫.法与恢复性司法［M］.郝方昉、王洁，译.北京：中国人民公安大学出版社，2011.

［8］霍华德·泽尔.视角之变：一种犯罪与司法的新焦点［M］.温景雄，注.狄小华，张薇，译.北京：中国人民公安大学出版社，2011.

［9］詹姆斯·迪南.解读被害人与恢复性司法［M］.刘仁文，林俊，译.北京：中国人民公安大学出版社，2009.

［10］丹尼尔·H.科尔.污染与财产权：环境保护的所有权

制度比较研究［M］. 严厚福，王社坤，译. 北京：北京大学出版社，2009.

［11］迈克尔·福尔，冈特·海因. 欧盟为保护生态动刑：欧盟各国环境刑事执法报告［M］. 徐平，张浩，何茂桥，译. 北京：中央编译出版社，2009.

中文期刊类

［1］李挚萍. 生态环境修复的法理命题及其思考［J］. 中国政法大学学报，2023（06）：5-15.

［2］王灿发，王政. 生态环境修复法律责任性质辨析［J］. 南京工业大学学报（社会科学版），2023，22（05）：24-35，117.

［3］刘长兴. 生态环境修复责任的体系化构造［J］. 中国法学，2022（06）：92-112.

［4］宁清同. 刑事生态修复责任初论［J］. 深圳社会科学，2022，5（01）：96-111，125.

［5］周峨春，郭子麟. 从司法先行到罪刑法定：环境修复在刑法中的确立和展开［J］. 中南林业科技大学学报（社会科学版），2022，16（01）：72-79.

［6］聂梓锋. 生态修复责任与刑事责任的衔接困境及解决路径［J］. 山东青年政治学院学报，2021，37（05）：68-74.

［7］高铭暄，郭玮. 论环境犯罪附加刑的目的、价值与完善［J］. 甘肃社会科学，2021（01）：93-99.

［8］卢娜娜，宁清同. 生态修复责任司法实践之困境及对策探析［J］. 治理现代化研究，2021，37（05）：90-96.

［9］吴鹏. 论中国生态修复法学研究的自我主张——以马克思主义理论为视角进行的批判性审视［J］. 中国地质大学学报

（社会科学版），2021，21（03）：50 - 62.

［10］石艳芳．我国环境犯罪刑事规制的检视与完善［J］．中国人民公安大学学报（社会科学版），2021，37（04）：95 - 101.

［11］刘长兴．超越惩罚：环境法律责任的体系重整［J］．现代法学，2021，43（01）：186 - 198.

［12］陈幸欢．生态环境损害赔偿司法认定的规则厘定与规范进路——以第 24 批环境审判指导性案例为样本［J］．法学评论，2021，39（01）：153 - 164.

［13］徐以祥．《民法典》中生态环境损害责任的规范解释［J］．法学评论，2021，39（02）：144 - 154.

［14］乔刚．生态环境损害民事责任中"技改抵扣"的法理及适用［J］．法学评论，2021，39（04）：163 - 172.

［15］唐绍均，黄东．环境罚金刑"修复性易科执行制度"的创设探索［J］．中南大学学报（社会科学版），2021，27（01）：53 - 64.

［16］王树义，龚雄艳．环境侵权惩罚性赔偿争议问题研究［J］．河北法学，2021，39（10）：71 - 85.

［17］梁云宝．民法典绿色原则视域下"修复生态环境"的刑法定位［J］．中国刑事法杂志，2020（06）：20 - 38.

［18］魏汉涛．刑事制裁与生态环境修复有机衔接的路径［J］．广西大学学报（哲学社会科学版），2020，42（05）：77 - 84.

［19］程红，王永浩．刑法视野中的生态补偿：现实图景与困境突围［J］．江西社会科学，2020，40（04）：157 - 165，256.

［20］李挚萍．行政命令型生态环境修复机制研究［J］．法学评论，2020，38（03）：184 - 196.

［21］刘超．环境修复理念下环境侵权责任形式司法适用之局

限与补强 [J]. 政法论丛, 2020 (03): 69 - 82.

[22] 刘德法, 高亚瑞. 论环境刑法视域下的生态修复性司法 [J]. 河南师范大学学报 (哲学社会科学版), 2020, 47 (03): 70 - 77.

[23] 徐祥民. 论维护环境利益的法律机制 [J]. 法制与社会发展, 2020, 26 (02): 72 - 85.

[24] 吕忠梅, 窦海阳. 以"生态恢复论"重构环境侵权救济体系 [J]. 中国社会科学, 2020 (02): 118 - 140, 206 - 207.

[25] 何勤华, 靳匡宇. 行政和司法衔接视域下长江环境替代性修复方式研究——以美国替代环境项目为镜鉴 [J]. 法治研究, 2020 (02): 147 - 160.

[26] 徐以祥. 我国环境法律规范的类型化分析 [J]. 吉林大学社会科学学报, 2020, 60 (02): 66 - 74, 220.

[27] 靳匡宇. 生态修复量刑情节运用的困境与调适——以污染环境罪量刑中的行政司法衔接为中心 [J]. 南京工业大学学报 (社会科学版), 2020, 19 (02): 10 - 24, 111.

[28] 黄纬东, 徐本鑫. 环境修复刑事法律责任机制的改进 [J]. 国家林业和草原局管理干部学院学报, 2020, 19 (01): 42 - 47.

[29] 王树义, 赵小姣. 恢复性司法治理环境犯罪的澳大利亚经验与中国镜鉴 [J]. 国外社会科学, 2020 (01): 50 - 59.

[30] 何苗. 中国与欧洲公众环境参与权的比较研究 [J]. 法学评论, 2020, 38 (01): 136 - 147.

[31] 李义松, 刘丽鸿. 我国生态环境损害修复责任方式司法适用的实证分析 [J]. 常州大学学报 (社会科学版), 2020, 21 (01): 20 - 30.

［32］高铭暄，郭玮．论我国环境犯罪刑事政策［J］．中国地质大学学报（社会科学版），2019，19（05）：9–18.

［33］田雯娟．刑事附带环境民事公益诉讼的实践与反思［J］．兰州学刊，2019（09）：110–125.

［34］陈红梅．生态修复的法律界定及目标［J］．暨南学报（哲学社会科学版），2019，41（08）：55–65.

［35］李挚萍，冼艳．"常州毒地"修复案中多重责任与利益主体的关系定位［J］．环境保护，2019，47（13）：17–21.

［36］徐军，何敏．生态环境修复责任的法律困境与制度突破——以生态环境损害赔偿制度改革为视角［J］．青海社会科学，2019（06）：78–84.

［37］胡静，崔梦钰．二元诉讼模式下生态环境修复责任履行的可行性研究［J］．中国地质大学学报（社会科学版），2019，19（06）：13–28.

［38］徐本鑫．刑事司法中环境修复责任的多元化适用［J］．北京理工大学学报（社会科学版），2019，21（06）：140–148.

［39］梁根林．罪刑法定原则：挑战、重申与重述——刑事影响力案件引发的思考与检讨［J］．清华法学，2019，13（06）：61–87.

［40］胡卫．过错优先：环境污染侵权中行为人过错的功能分析［J］．政法论丛，2019（06）：113–125.

［41］徐本鑫．民事司法中环境修复责任的选择性适用［J］．安徽师范大学学报（人文社会科学版），2019，47（05）：102–108.

［42］康京涛．生态修复责任的法律性质及实现机制［J］．北京理工大学学报（社会科学版），2019，21（05）：134–141.

［43］侯佳儒．环境损害救济：从侵权法到事故法［J］．政法

论丛, 2019（05）：127 - 138.

　　[44] 李承亮. 恢复原状费用赔偿的性质 [J]. 武汉大学学报（哲学社会科学版），2019，72（04）：150 - 162.

　　[45] 巩固. "生态环境" 宪法概念解析 [J]. 吉首大学学报（社会科学版），2019，40（05）：70 - 80.

　　[46] 王旭光. 论生态环境损害赔偿诉讼的若干基本关系 [J]. 法律适用，2019（21）：11 - 22.

　　[47] 宁清同，南靖杰. 生态修复责任之多元法律性质探析 [J]. 广西社会科学，2019（12）：107 - 117.

　　[48] 宁清同. 生态修复责任之保障制度初探 [J]. 法治研究，2019（02）：142 - 150.

　　[49] 杨红梅. 生态环境修复中刑法正当性适用问题研究 [J]. 云南师范大学学报（哲学社会科学版），2019，51（02）：130 - 139.

　　[50] 王小钢. 生态环境修复和替代性修复的概念辨正——基于生态环境恢复的目标 [J]. 南京工业大学学报（社会科学版），2019，18（01）：35 - 43，111.

　　[51] 王社坤，吴亦九. 生态环境修复资金管理模式的比较与选择 [J]. 南京工业大学学报（社会科学版），2019，18（01）：44 - 53，111 - 112.

　　[52] 史玉成. 生态环境损害赔偿制度的学理反思与法律建构 [J]. 中州学刊，2019（10）：85 - 92.

　　[53] 汪劲，马海桓. 生态环境损害民刑诉讼衔接的顺位规则研究 [J]. 南京工业大学学报（社会科学版），2019，18（01）：25 - 34，111.

　　[54] 李昊. 论生态损害的侵权责任构造——以损害拟制条款

为进路［J］. 南京大学学报（哲学·人文科学·社会科学），2019，56（01）：49-60，159.

［55］徐祥民. 绿色发展思想对可持续发展主张的超越与绿色法制创新［J］. 法学论坛，2018，33（06）：5-19.

［56］董桂武. 论刑罚目的对量刑情节适用的影响［J］. 法学论坛，2018，33（06）：132-142.

［57］刘超. 论"绿色原则"在民法典侵权责任编的制度展开［J］. 法律科学（西北政法大学学报），2018，36（06）：141-154.

［58］李梁. 环境污染犯罪的追诉现状及反思［J］. 中国地质大学学报（社会科学版），2018，18（05）：34-44.

［59］蒋兰香. 生态修复的刑事判决样态研究［J］. 政治与法律，2018（05）：134-147.

［60］刘静然. 论污染者环境修复责任的实现［J］. 法学杂志，2018，39（04）：81-87.

［61］何群，储槐植. 论我国刑罚配置的优化［J］. 政法论丛，2018（03）：130-138.

［62］李挚萍. 生态环境修复责任法律性质辨析［J］. 中国地质大学学报（社会科学版），2018，18（02）：48-59.

［63］王树义，赵小姣. 环境刑事案件中适用恢复性司法的探索与反思——基于184份刑事判决文书样本的分析［J］. 安徽大学学报（哲学社会科学版），2018，42（03）：102-110.

［64］李挚萍. 生态环境修复司法的实践创新及其反思［J］. 华南师范大学学报（社会科学版），2018（02）：152-156，192.

［65］李挚萍，田雯娟. 恢复性措施在环境刑事司法实践中的应用分析［J］. 法学杂志，2018，39（12）：109-121.

［66］张明楷. 污染环境罪的争议问题［J］. 法学评论，

2018, 36 (02)：1 – 19.

[67] 陈兴良．罪刑法定的价值内容和司法适用 [J]．人民检察，2018 (21)：28 – 34.

[68] 彭本利，李爱年．我国土壤污染防治立法回溯及前瞻 [J]．环境保护，2018, 46 (01)：19 – 25.

[69] 吴鹏．生态修复法律概念之辩及其制度完善对策 [J]．中国地质大学学报（社会科学版），2018, 18 (01)：40 – 46.

[70] 何静，张燨．生态环境犯罪司法治理机制的创新——以认罪认罚从宽为视角 [J]．长白学刊，2018 (03)：79 – 85.

[71] 张继钢．生态修复的刑事责任方式研究 [J]．环境污染与防治，2017, 39 (08)：925 – 928.

[72] 于文轩．论我国生态损害赔偿金的法律制度构建 [J]．吉林大学社会科学学报，2017, 57 (05)：182 – 188, 208.

[73] 朱晓勤．生态环境修复责任制度探析 [J]．吉林大学社会科学学报，2017, 57 (05)：171 – 181, 208.

[74] 康京涛．生态修复责任：一种新型的环境责任形式 [J]．青海社会科学，2017 (04)：49 – 56.

[75] 任洪涛，严永灵．论我国生态修复性司法模式的实践与完善 [J]．西南政法大学学报，2017, 19 (04)：86 – 94.

[76] 胡卫．民法中恢复原状的生态化表达与调适 [J]．政法论丛，2017 (03)：51 – 59.

[77] 吕忠梅．"生态环境损害赔偿"的法律辨析 [J]．法学论坛，2017, 32 (03)：5 – 13.

[78] 吕忠梅，窦海阳．修复生态环境责任的实证解析 [J]．法学研究，2017, 39 (03)：125 – 142.

[79] 徐以祥，王宏．论我国环境民事公益诉讼赔偿数额的确

定 [J]. 法学杂志, 2017, 38 (03): 115 - 124.

[80] 徐本鑫. 论生态恢复法律责任的实践创新与制度跟进 [J]. 大连理工大学学报 (社会科学版), 2017, 38 (02): 158 - 163.

[81] 周兆进. 恢复性司法在环境犯罪中的应用 [J]. 广西社会科学, 2017 (02): 99 - 103.

[82] 吴鹏. 生态修复法律责任之偏见与新识 [J]. 中国政法大学学报, 2017 (01): 108 - 116.

[83] 徐本鑫. 生态恢复法律责任的设定与实现问题思考——从福建南平生态破坏案说起 [J]. 环境保护, 2016, 44 (09): 56 - 59.

[84] 魏旭. 土壤污染修复标准的法律解读———一种风险社会的分析思路 [J]. 法学评论, 2016, 34 (06): 120 - 128.

[85] 张辉. 论环境民事公益诉讼裁判的执行——"天价"环境公益诉讼案件的后续关注 [J]. 法学论坛, 2016, 31 (05): 80 - 89.

[86] 胡静. 环保组织提起的公益诉讼之功能定位——兼评我国环境公益诉讼的司法解释 [J]. 法学评论, 2016, 34 (04): 168 - 176.

[87] 李挚萍. 环境修复目标的法律分析 [J]. 法学杂志, 2016, 37 (03): 1 - 7.

[88] 吕忠梅. 环境司法理性不能止于"天价"赔偿: 泰州环境公益诉讼案评析 [J]. 中国法学, 2016 (03): 244 - 264.

[89] 曲昇霞. 论环境民事公益诉讼调解之适用 [J]. 政法论丛, 2016 (03): 154 - 160.

[90] 张霞. 生态犯罪案件中恢复性司法应用研究 [J]. 政法论丛, 2016 (02): 112 - 119.

[91] 胡卫. 我国环境修复司法适用的特色分析 [J]. 环境保护, 2015, 43 (19): 58 -61.

外文文献类

[1] ARAGÃO SEIA C. Environmental Liability. Study for a Future Amendment of European Legislation [J]. Perspectives of Law & Public Administration, 2023, 12 (2).

[2] ALDERUCCIO M, CANTARELLA L, OSTOICH M, et al. Identification of the Operator Responsible for the Remediation of a Contaminated Site [J]. Environmental Forensics, 2019, 20 (4): 339 -358.

[3] LIN S S, SHEN S L, ZHOU A, et al. Sustainable Development and Environmental Restoration in Lake Erhai, China [J]. Journal of Cleaner Production, 2020, 258: 120758.

[4] PALEVIC M, SPALEVIC V, SKATARIC G, et al. Environmental Responsibility of Member States of the European Union and Candidate Countries [J]. Journal of Environmental Protection and Ecology, 2019, 19 (2): 886 -895.

[5] WHITE R. Reparative Justice, Environmental Crime and Penalties for the Powerful [J]. Crime, Law and Social Change, 2017, 67: 117 -132.

[6] WHITE, ROB. Reparative Justice, Environmental Crime and Penalties for the Powerful. Crime, Law and Social Change, 2017 (2): 117 -132.

[7] POUIKLI, KLEONIKI. The Multifaceted Concept of the Term "Environmental Damage" in the Framework of the Directive 2004/35/EC on Environmental Liability (ELD) [J]. Desalination and Water

Treatment, 2017, 63: 375 - 380.

[8] POZZO, BARBARA; VANHEUSDEN, BERNARD; BERG-KAMP, LUCAS; etc. The Remediation of Contaminated Sites and the Problem of Assessing the Liability of the Innocent Landowner: A Comparative Law Perspective [J]. European Review of Private Law, 2015, 23 (6): 1071 - 1119.

[9] LONDON R. Crime, Punishment, and Restorative Justice: A Framework for Restoring Trust [M]. Wipf and Stock Publishers, 2014.

[10] BRIAN J. Preston. The Use of Restorative Justice for Environmental Crime, Criminal Law Journal, 2011, (35): 136.

[11] WILDE M. Environmental liability and ecological Damage in European Law [J], Journal of Environmental Law. 2009, 21 (2): 377 - 380.

[12] CZECH E K. Liability for Environmental Damage According to Directive 2004/35/EC [J]. Polish Journal of Environmental Studies, 2007, 16 (2).

[13] BLACKWELL B S, CUNNINGHAM C D. Taking The Punishment out of the Process: From Substantive Criminal Justice Through Procedural Justice to Restorative Justice [J]. Law & Contemp. Probs. , 2004, 67: 59.

[14] WEISBERG R. Restorative Justice and the Danger of Community [J]. Utah L. Rev. , 2003: 343.

[15] BARNETT R E. Restitution: A New Paradigm of Criminal Justice [J]. Ethics, 1977, 87 (4): 279 - 301.

后 记

敲下"后记"两个字，笔者不禁百感交集，本书是笔者在中山大学求学经历的一个总结。回忆起本书写作过程，也曾有过迷茫、焦虑、自我否定，也曾有过无数次想要放弃的念头……所幸，每当笔者陷入迷茫时，总有鼓励的声音在激励着笔者前行。笔者，终究没有放弃。

感谢恩师李挚萍教授，将笔者纳入门下并悉心引导、教诲。在博士毕业论文撰写作过程中，从论文的选题到撰写，恩师都给予了充分的指导，并不断鼓励笔者继续努力，使笔者最终能够顺利完成博士论文写作。师恩深重，每每想起都让笔者倍感温暖。恩师虚怀若谷的胸襟、一丝不苟的治学态度更是值得笔者永远学习。

感谢中山大学法学院、环境与资源保护法学研究所各位老师的培养和指导，在此，谨向他们表示衷心的感谢。此外，感谢在求学过程中给予笔者帮助的各位同窗好友。

感谢工作单位对笔者的理解和支持，让笔者得以在工作之余，完成笔者的求学梦。

最后，感谢笔者最爱的亲人，感恩此生能与他们遇见，他们是笔者最坚强的后盾，也是笔者继续前行的动力。

冼 艳

2023 年 12 月 30 日